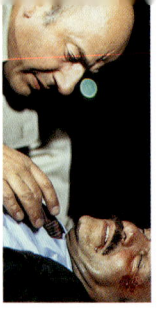

Swingi

Almut Oetjen · Holger Wacker

Manfred Krug
& Charles Brauer

Ein Fanbuch

Henschel Verlag Berlin

Die Deutsche Bibliothek – CIP-Einheitsaufnahme

Oetjen, Almut:
Swinging Cops: Manfred Krug, Charles Brauer; ein
Fanbuch / Almut Oetjen / Holger Wacker. – 1. Aufl. –
Berlin: Henschel, 1999
ISBN 3-89487-318-3

© by Henschel Verlag Berlin in der Dornier Medien-
holding
1. Auflage
Umschlaggestaltung: Morian & Bayer-Eynck, Coesfeld
Gestaltung: Maja Thorn, Berlin
Satz und Litho: LVD GmbH, Berlin
Lektorat: Jürgen Bretschneider
Druck und Binden: Druckerei zu Altenburg
Printed in Germany

ISBN 3-89487-318-3

Inhalt

»Tödliche Freund-
schaft«
Tatort-Nr. 310

Spiel mir eine alte Melodie

Paul Stoever und Peter Brockmöller – The Swinging Cops

Steckbriefe

Der eine trägt bevorzugt Regenmantel, raucht Zigarre, blickt kritisch-muffelig und mäkelt gerne, der andere mag Schiebermütze, Lederjacke und sieht eher freundlich-besorgt in die Welt. Beide sind gestandene Herren – Stoevers und Brockmöllers Steckbriefe haben sich über all die Jahre, in denen sie ermitteln, kaum verändert. Freilich werden sie älter, ihr Haar wird dünner. Stoever hatte schon immer einen schmalen Haarkranz, Brockmöller hat ihn im Lauf der letzten Jahre bekommen. In »Voll auf Haß« sprintete Stoever noch einem Jugendlichen hinterher, heute läßt er rennen. Allmählich müssen sie auch auf die Gesundheit achten. Stoever nimmt dies recht lax, ungeniert ißt er sein geliebtes Schaschlik »mit all den leckeren Zutaten«; eine Knäckebrot-Diät bricht er angesichts köstlich belegter Brötchen (»aber ein mageres«) ab. Brockmöller hingegen sieht es wesentlich bedrohlicher und macht eine japanische Diät, die ihm jedoch sichtlich zuwider ist. Das Resultat: ein kompletter körperlicher Zusammenbruch. Die Gründe: falsche Diät, verschleppte Hepatitis, Hysterie. Kurz zuvor nämlich war ihm eine Voodoo-Puppe mit seinem Foto übergeben worden.

Kochen können beide nicht besonders, auch wenn sich Stoever gerne als Meisterkoch rühmt. Den Beweis bleibt er allerdings schuldig: Die Kohlrouladen verkokeln wegen eines plötzlichen Einsatzes, die Spaghetti à la Stoever scheitern, weil er seine Einkaufstüte im Supermarkt vergessen hat. Also geht man gleich zum Italiener. Wenn wenig Zeit bleibt, tut es auch der Imbiß um die Ecke. Stoever ist Sportfan, allerdings nur vor dem Fernsehgerät. Er schwärmt für den deutschen Tennis-Star Andi. Selbst treibt er ebensowenig Sport wie Brockmöller. Beide müssen inzwischen Brillen tragen. Beide haben mal einen Bart, mal sind sie glattrasiert. Brockmöller mag Schnauzer, Stoever Dreitagebart – vermutlich aus Bequemlichkeit und, wie er selbst behauptet, um seine Hamsterbacken zu verbergen.

»Experiment«
Tatort-Nr. 257
Mit Esther Schweizer

»Experiment«

*Brockmöller fragt
Stoever, der auf sei-
nem Sofa übernach-
tet, besorgt, ob's ihm
denn heute besser
gehe. Stoever
unwirsch: »Gestern
hatte ich Rücken-
schmerzen. Heute
hab' ich Nacken-
schmerzen. Ich weiß
nicht, ob das 'ne Ver-
besserung ist.«*

Von Stoever existiert sogar ein richtiger Steckbrief: In »Ein Wodka zuviel« wird er wegen Mordes an seiner neuen Bekannten, der Immobilienmaklerin Lea Richter, gesucht: »groß und breitschultrig, fleischig, ovales Gesicht, auffallend große Nase, kurzgeschnittenen Haarkranz«, heißt es da nicht gerade schmeichelhaft. Die Makle-rin wird übrigens von Jenny Gröllmann gespielt, Krugs Partnerin und Kanzleikollegin Isolde Isenthal aus »Liebling Kreuzberg«. Auch Wolf-Dietrich Sprenger, der in der Serie einen Kreuzberger Rikscha-Fahrer spielt, ist in diesem »Tatort« als Stoevers Kol-lege Menzel vom Wirtschaftsdezernat mit von der Partie. Und noch ein Querverweis: In »Schmutzarbeit« trifft Stoever auf Doris Eucken alias Diana Körner, die als Staats-anwältin schon Roberts Liebling war. Trotz einiger Gemeinsamkeiten – der Kampf um Gerechtigkeit oder das Faible für Zigarren – ist Paul Stoever aber nicht Robert Lieb-ling. Der nämlich ist, wie sein Name schon andeutet, ein liebenswerter Kerl. Stoever dagegen ist stur und biestig, auf eine eher rauhe, kantige Art sympathisch.

Stoever, geboren am 3. Mai 1936, und der etwas jüngere Brockmöller (»sieht aber älter aus«) träumen seit geraumer Zeit am liebsten von ihrer Pensionierung, wenn sie in ihrem Hamburger Büro, Berliner Tor, Zimmer 214, sitzen. Sie wissen auch schon genau, wie ihre Zukunft aussieht: Endlich werden sie sich voll und ganz ihrem einzigen und gemeinsamen Hobby, der Musik, hingeben können.

Biographisches und erster Auftritt

Über die Vergangenheit der beiden Kommissare gibt es wenig zu sagen: Sie kennen sich seit langer Zeit und teilen eine Leidenschaft, die Musik. Vor 35 Jahren schon haben sie gemeinsam in einer Polizeiband aufgespielt. Damals lernte Paul Stoever seine erste und letzte (Ehe-)Frau kennen (»Undercover-Camping«). Kinder hat er keine. Peter Brockmöller hat eine erwachsene Tochter namens Suse, die ihn einmal besucht (»Leiche im Keller«) – weil sie Geld für einen Griechenland-Trip braucht. Der besorgte Vater äußert zwar Bedenken ob der Reise, gibt ihr aber, gutmütig wie er ist, das Gewünschte, um sich später zu wundern. Er glaube, sagt er zu Stoever, Suse komme nur, um Geld abzustauben.

Beide Kommissare haben ohne großes Getöse die »Tatort«-Bühne betreten. Vielleicht war sich der NDR unsicher, denn nach den erfolgreichen und beliebten

»Leiche im Keller«
Tatort-Nr. 179
Mit Beate Finckh

»Leiche im Keller«

Stoever telefoniert mit einer attraktiven Frau: »Aber ja, ich fliege, schönes Kind.« Zu Brockmöller gewandt: »Hab' Besuch von 'ner gebrechlichen alten Dame.« Brockmöller: »Klang aber ziemlich jung.« Stoever: »Ja, sie hat sich die Stimmbänder liften lassen.«

Kommissaren Trimmel (Walter Richter) und Finke (Klaus Schwarzkopf) gab es eine ganze Reihe von Eintagsfliegen, Nagel, Piper, Greve und Brammer (der im übrigen wohl eine Besonderheit darstellt: Er wurde verkörpert von Knut Hinz, dem stotternden und in jedes Fettnäpfchen tretenden Hajo aus der »Lindenstraße«). »Haie vor Helgoland«, Stoevers erster »Tatort«, konzentriert sich in der ersten halben Stunde nur auf die drei Gangster, die den Tresor des Helgoland-Dampfers »Wappen von Hamburg« ausräumen. Die Darstellung ist so ausführlich und detailliert, daß sie zwei Zuschauern als Anregung diente. Zwei Wochen nach der Ausstrahlung überfielen sie den Zahlmeister des Butterschiffes »Roland von Bremen« und entkamen mit den Tageseinnahmen in Höhe von 60.000 Mark. Der Drehbuchautor dieses »Tatorts«, Rechtsanwalt Peter Hemmer, hatte gründlich recherchiert und damit die beiden Kriterien der Reihe erfüllt: Realismus und Anwesenheit eines Kommissars. Damit die Film-Kommissare auch wie echte Beamte wirken, steht ihnen während der Dreharbeiten ein wirklicher Hauptkommissar zur Seite, Joachim Klein. Er besorgt auch Handschellen, Streifenwagen, Polizeihubschrauber und Polizisten als Statisten.

Nachdem Stoever drei Kollegen verschlissen hatte, bekam er in Gestalt Brockmöllers, der unspektakulär und nicht als Neuer eingeführt wurde, Verstärkung.

Der Beginn einer langen Freundschaft ...

Beide kennen sich gut und harmonieren miteinander, was bei einem störrischen Individualisten wie Stoever mit seinem ausgeprägten Widerspruchsgeist nicht leicht ist. Aber Brockmöller hat von Anfang an sein Bedürfnis nach Harmonie, seine soziale Kompetenz bewiesen. Er hat den Muffelkopf Stoever ganz gut im Griff. Standen anfangs noch die Verbrecher und ihre Taten im Zentrum, verlagerte sich das Gewicht allmählich auf die Kommissare und ihr Verhältnis zueinander. Die Beziehung wurde immer enger, und im Laufe der Zeit entwickelte sich eine tiefe Freundschaft. Inzwischen wirken sie wie ein Ehepaar, das sich gerne zankt und ebenso gerne wieder versöhnt. Eines wissen sie genau: Sie können sich immer aufeinander verlassen; ihre Freundschaft hält selbst stärkster Belastung stand.

Als Stoevers Wohnung abbrennt, natürlich ohne dessen Schuld (»irgendeine Oma hat vergessen, das Bügeleisen rauszuziehen«), quartiert er sich in Brockmöllers

»Voll auf Haß«
Mit Ulrich Pleitgen,
Johanna Liebeneiner
und Heike Faber

»Voll auf Haß«
Tatort-Nr. 198

Wohnzimmer ein (»Experiment«). Das kann jedoch nicht gutgehen, wie das Beispiel Schimanski-Thanner bereits bewiesen hat. Die beiden sind zu verschieden. Stoever ist schlampig, Brockmöller ordnungsliebend, die typischen, aus Wohngemeinschaften bekannten Konflikte sind somit vorprogrammiert. Brockmöllers Wohnung sieht schon bald wie eine Rumpelkammer aus. Stoever stellt alles mit seinen Kartons voll, richtet sich häuslich ein und führt sich bald auf, als sei er der Hausherr. Er meckert über das nächtliche Rauschen der Klospülung, weil Brockmöller mit seiner »Sextanerblase« jede Nacht zur Toilette schleicht. Außerdem ist ihm das Sofa zu unbequem. Als sich Brockmöller über die Kartons aufregt, rät ihm Stoever in typischer Unverfrorenheit, sich doch bei Meyer II einzuquartieren, merkt jedoch, daß er damit den Bogen überspannt hat. Brockmöller ist nach einem unfreiwilligen Aufenthalt in der Psychiatrie ohnehin nervlich angeschlagen. Dem eigenen Rat folgend, will sich Stoever nun seinerseits – letztlich vergebens – bei Meyer II einnisten. Auf dessen Frage, ob er denn viele Sachen habe, antwortet er treuherzig: »Nö, nicht viel.«

Brockmöller ist sauer, weil Stoever ihm die Vorräte wegtrinkt und -ißt, aber nie einkauft, nicht aufräumt und auch seine Sachen nicht wäscht. Einmal will sich Stoever sogar eine Unterhose von ihm borgen (»Haus und Hof«). Die beiden Männer giften sich fortwährend an (Brockmöller: »Ich geh' pinkeln.« Stoever: »Schön spülen, hörste?«), bis Stoever von der Immobilienmaklerin Lea – mit Hintergedanken – eine Wohnung angeboten bekommt, billig und fertig eingerichtet. Lea erhofft sich nämlich Schutz von Stoever, doch als sie ermordet wird, ist er wieder obdachlos (»Ein Wodka zuviel«). In dieser Folge unterhält sich Stoever in seiner alten, ausgebrannten Wohnung mit dem Versicherungsmakler, und er behauptet doch tatsächlich ohne zu erröten, alles sei neu und natürlich teuer gewesen. Versuchten Versicherungsbetrug nennt man das ...

Schließlich findet er eine neue Wohnung und rettet damit die Freundschaft (»Singvogel«). Aber bequem wie er ist, versucht er Brockmöller auszunutzen, lockt ihn in die Wohnung, damit der ihm beim Zusammenschrauben der Möbel hilft. Brockmöller kehrt den Spieß jedoch einfach um, trinkt Stoevers Biervorräte aus und verabschiedet sich, um einen Kollegen im Krankenhaus zu besuchen. Stoever nimmt's sportlich: »Eine faule Sau. Steh' ich mit der ganzen Arbeit wieder allein da.«

»Singvogel«
Stoever zu einem Leichenwagenfahrer: »Sag mal, was drängelt ihr eigentlich so?! Seid ihr 'n Krankenwagen oder was?!«
Fahrer: »Nee, 'n Leichenwagen.«
Stoever: »Na also, dann habt ihr doch Zeit.«
Stoever grinsend zu Brockmöller und Thorwald: »'n bißchen ärgern, die Hunde.«

»Um Haus und Hof«
Tatort-Nr. 280
Mit Mark Keller als
Lukas Thorwald

»Blindekuh«
Tatort-Nr. 256
Mit Joachim Luger und
Diether Krebs (unten)

Faul ist Brockmöller keineswegs, er hat nur gelernt, sich nichts von dem dominanten Stoever gefallen zu lassen. Immer wieder kommt es zu Streitigkeiten und
Gerangel darum, wer nun die schöne Zeugin befragen darf. Stoever ist dabei stets
der laut fordernde, aber der sensible Brockmöller setzt sich oft genug mit seiner
bedächtig-cleveren Art durch. Ihre kleinen Wortgefechte gehören zu den Highlights
einer jeden Folge. Brockmöllers Gutmütigkeit wird von Stoevers Faulheit und selek-
tiver Vergeßlichkeit mehr als einmal auf eine harte Probe gestellt. So vergißt Stoever,
als Brockmöller drei Wochen zur Kur ist, doch völlig, dessen geliebte Zimmerpflanzen
zu gießen. Um ihn zu besänftigen, muß Meyer II Kakteen kaufen – die brauchen
kaum Wasser. Aber Brockmöller ist nicht zu besänftigen: »Ich habe Kakteen schon
immer gehaßt«, sagt er beleidigt. Und auch Stoever ist sauer, als ihm Meyer II die
Rechnung in Höhe von 560 Mark präsentiert (»Blindekuh«).

Beruflich halten sie zueinander, selbst wenn sie öfter unterschiedlicher Meinung
sind. Als Stoever in den eigenen Reihen ermittelt, wird er von allen Kollegen
geschnitten, mit Ausnahme Brockmöllers. Der verteilt am Ende sogar Kopien auf dem
Revier, die die Schuld eines verbrecherischen Kollegen beweisen und Stoever rehabilitieren. Stoever ist gerührt: »Das hast du für mich getan?« (»Stoevers Fall«). Ein
anderes Mal ist er sicher, daß ein Entführungsopfer in akuter Lebensgefahr schwebt.
Sein Vorgesetzter ist zwar anderer Meinung, dennoch aktiviert Stoever eine Sonder-
einheit und rettet dadurch den jungen Mann – und dies alles mit Brockmöllers
Unterstützung (»Finale am Rothenbaum«). Als Brockmöller, nachdem er eine Voodoo-Puppe mit seinem Foto erhalten hat, zusammenbricht und auf die Intensivsta-
tion eingeliefert werden muß, dreht Stoever völlig durch und läßt sogar, obwohl er
nicht an Zauberei glaubt, den Voodoo-Altar komplett abräumen (»Fetischzauber«).
Als Brockmöller undercover im Krankenhaus ermittelt und plötzlich spurlos ver-
schwindet, startet Stoever sogleich eine Suchaktion. Brockmöller sitzt derweil gefesselt und mit Beruhigungsmitteln vollgepumpt in einem Bett der psychiatrischen Station, ein Alptraum, denn natürlich glaubt niemand, daß er Polizist ist. Seine
Ehrlichkeit rettet ihn schließlich, und Stoever läßt es sich nicht nehmen, Brockmöller
höchstpersönlich aus der Klinik abzuholen (»Experiment«).

Beide Männer entwickeln eine starke emotionale Bindung und scheuen sich

18 »Blindekuh«
Tatort-Nr. 256
Mit Diether Krebs

»Finale am Rothen-
baum«
Tatort-Nr. 239
Mit Rüdiger Wolff

»Fetischzauber«
Tatort-Nr. 331
Mit Oliver Betke

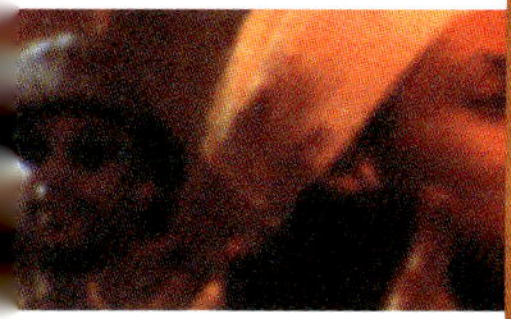

nicht, ihre Gefühle auch zu zeigen. Vor allem Stoever ist bisweilen überschwenglich, drückt Brockmöller einen dicken Schmatz auf die Stirn oder schenkt ihm gar ein Plüschschweinchen zur Genesung (»Lauf eines Todes«). Brockmöller hat keine Scheu, Stoever eine Liebeserklärung zu machen (»Tod eines Polizisten«). Aber ihre Beziehung ist selbstredend rein platonisch. In »Tod im Elefantenhaus« nimmt ihr harmonisches Verhältnis schon comichafte Züge an: Beide treten in gleicher Kleidung auf, Hemd, Jackett, Regenmantel. Wie siamesische Zwillinge stellen sie synchron die-selben Fragen ...

»Undercover-Camping«

Seine Liebe zu Sally macht aus Stoever sogar einen Poeten: »Ich steht hier im Matsch and I miss you so much.«

Frauen

Ihre Romanzen sind nur von kurzer Dauer und enden manchmal sogar tragisch. So findet Stoever Gefallen an der jungen Fotojournalistin Uschi (Jale Arikan). Er über-nachtet bei ihr, als sein Journalisten-Freund ermordet wird, muß dann aber feststel-len, daß Uschi diesen Freund auf dem Gewissen hat (»Stoevers Fall«). Die attraktive Immobilienmaklerin Lea (Jenny Gröllmann) findet er nach einer Party ermordet in sei-ner Wohnung (»Ein Wodka zuviel«). Nur einmal hat er wirklich Glück, als er nämlich eine überaus attraktive Bibliothekarin (Dolly Dollar) in sein Bett bekommt, in Brock-möllers genaugenommen, denn er ist gerade wohnungslos (»Experiment«). Und ein-mal ist er sicher, in Felicia Branding (Marita Marschall) die Frau seines Lebens gefun-den zu haben, doch lernt er sie zum falschen Zeitpunkt kennen (»Lauf eines Todes«). Er erlebt eine Fernliebe zu seiner britischen Kollegin Sally, lernt ihretwegen sogar Englisch in einem Fortgeschrittenen-Kurs – Note: fünf minus (»Undercover-Cam-ping«). Russisch spricht er dagegen besser (»Ein Wodka zuviel«).

Brockmöllers Bilanz ist noch trostloser: Er hat eine kurze Affäre mit dem Polizi-sten-Groupie Petra (»Zeitzünder«) und verliebt sich hoffnungslos in die reiche Jea-nine Kronberg (Anke Sevenich; »Tödliche Freundschaft«).

Arbeit

Beruflich sind sie weitaus erfolgreicher. Vermutlich besteht ein Zusammenhang zwi-schen ihrem Single-Dasein und ihrem Engagement in der Verbrechensbekämpfung, denn sie sind jederzeit erreichbar, zu jeder Tages- und Nachtstunde, auch am

»Ein Wodka zuviel«
Tatort-Nr. 288
Mit Jenny Gröllmann

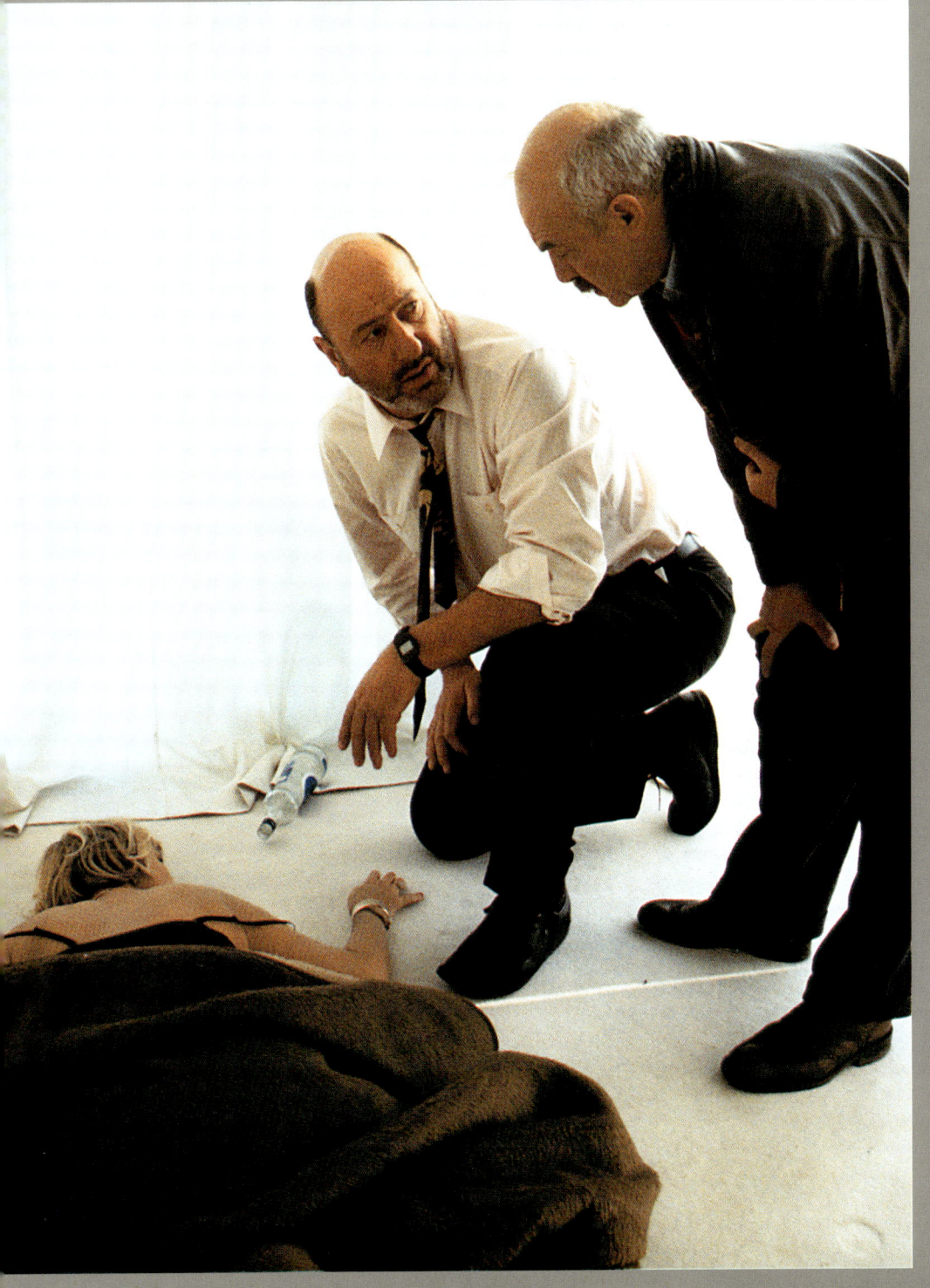

Wochenende und in ihrer Freizeit. Wenn der Dienst ruft, brechen sie sogar ein Pick-
nick am Strand ab oder lassen ein Konzert in Bremen sausen. Allerdings kann man
Stoever nicht nachsagen, er habe die Arbeit erfunden. Gerne wälzt er Unangeneh-
mes unter fadenscheinigen Vorwänden ab. Urlaub scheint für beide ein Fremdwort,
nur einmal macht Brockmöller eine dreiwöchige Kur.

Ihre Erfolgsquote beträgt 100 Prozent. Ob türkische Geheimdienstler oder orga-
nisierte Russenmafia, ob Fleischmafia oder Rechtsradikale, ob eiskalte Profi-Killer,
psychopathische Serienmörderin, kleiner Gewohnheitsverbrecher oder der zufällig
kriminell gewordene Bürger – die beiden schaffen sie alle. Dabei haben sie es nicht

nur mit der ganzen Palette der Verbrecher-Typen und deren unterschiedlichen Motiven – Geldgier, Eifersucht, Rache – zu tun, sondern auch mit allen Arten von Verbrechen: mit Raubmord, Menschenversuchen, Kinderhandel oder Kidnapping, mit illega-
ler Giftmüllentsorgung, verbotenem Waffenhandel und Export von Zeitzündern für
Atombomben oder Schutzgelderpressung. Sie ermitteln im Politikermilieu ebenso wie

auf dem Kiez und sogar in den eigenen Reihen, in der Großstadt Hamburg, auf der
Insel Neuwerk, in einem Dorf im Alten Land, auf einem Campingplatz, in einem Hotel
und dem Zoo Hagenbeck. Sie schlagen sich durch einen wahren Dschungel aus
Mißtrauen, Mißgunst, Wut und Haß. Am schwierigsten und interessantesten sind die
Fälle, bei denen sie auf eingeschworene Gemeinschaften stoßen, auf einzelne Fami-

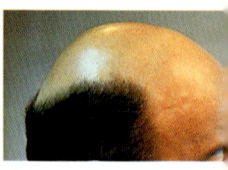

lien, Parteigenossen und Dorfgemeinschaften. Sich in dem scheinbar undurchdringli-
chen Gestrüpp voller Intrigen und Lügen zurechtzufinden, ist wahrlich nicht einfach.
Vor allem die »dörfliche Idylle« ist Stoever verhaßt. Jeder kennt jeden, meint er
genervt, und letztlich doch nicht. Wenn er das Dorf wieder verläßt, hat er die Fassade
bürgerlicher Wohlanständigkeit bis auf die Grundmauern niedergerissen. Was zum

Vorschein kommt, sind Gier und Neid. Die Heuchler sind ihm am meisten verhaßt:
der Vater, der seine Tochter sexuell mißbraucht, der Bürgermeister, der mit seiner
Macht Schindluder treibt, der Genmanipulator, der Turboschweine züchtet, weil er
angeblich den Hunger in der Welt bekämpfen will, wo es ihm doch wirklich nur ums
Geschäft geht. Die dumpfe Kindesentführerin, für Stoever ist sie eine »alte Dreck-
sau«. Oder der angesehene Dorflehrer, der Bürgermeister werden will, die Ehefrau
aber mit einer Schülerin betrügt, der eine Bordellkette betreibt und keine Skrupel

»Zeitzünder«
Tatort-Nr. 233
Mit Eleonore Weisgerber

»Tod auf Neuwerk«
Tatort-Nr. 328
Mit dem Produzenten
Richard Schöps

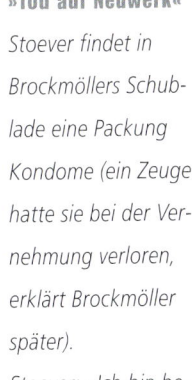

»Tod auf Neuwerk«

Stoever findet in Brockmöllers Schublade eine Packung Kondome (ein Zeuge hatte sie bei der Vernehmung verloren, erklärt Brockmöller später).

Stoever: »Ich bin beeindruckt. Was willst 'n anstell'n mit den Dingern?«

Brockmöller: »Was steckst du denn deine viel zu große Nase in meinen kleinen Schreibtisch?«

Stoever: »Ich hab nur 'n Vernehmungsprotokoll gesucht, weiter nichts, mit Verlaub.«

Brockmöller: »Da staunst du, hm?«

Stoever (zustimmend): »Hm!«

Brockmöller: »Hältst mich für verklemmt!?«

Stoever: »Nä, hmm, ist das dein Vorrat für ein Jahr?«

Brockmöller: »In der Hinsicht hast du doch schon Rente eingereicht.«

»Tod auf Neuwerk«
Tatort-Nr. 328
Mit Michael Lesch

hat, einen Bauern mit einer Lüge zum Mord an dem Reporter anzustiften, der sein Geheimnis herausgefunden hat. Mit diesen Typen haben Brockmöller und Stoever kein Mitleid, wohl aber mit Menschen wie dem anständigen Familienvater Samov. Der konnte nicht wissen, daß das Mädchen, das er liebte und das er zum Abschied umarmen wollte, vom Vater sexuell mißbraucht wurde und daher völlig überzogen auf seinen kleinen Liebesbeweis reagierte und sich zu Tode stürzte.

Alles in allem jedoch gehen sie professionell an ihre Arbeit heran und investieren möglichst wenig Gefühl. Im Gegenteil, manchmal wirken sie ziemlich abgebrüht, wenn sie beispielsweise wetten, ob das nächste Opfer männlich oder weiblich sein wird. Aber sie sind nicht wirklich zynisch, vor allem Brockmöller nicht, der erstaunlich sensibel für den Job ist. Das merkt man beispielsweise, wenn das Opfer ein Baby oder ein junges Mädchen ist. Dann muß sogar Stoever schlucken. Auf dessen Kaffeebecher ist ein Elefant abgebildet (»Tod im Elefantenhaus«), ein Tier, das ihn vielleicht ganz gut symbolisiert.

Besonders trifft die beiden der Mord an ihrem Kollegen Meyer II – stets ein gutmütiger, freundlicher und hilfsbereiter Mensch, der aber oft genug Opfer von Stoevers fiesen Bemerkungen wurde. Falsches Mitleid kennen sie jedoch nicht, Bestechungsversuchen und Einschüchterungen gegenüber sind sie gleichermaßen immun.

Brockmöller und Stoever sind zwar gute Polizisten, aber nicht Sherlock Holmes. Sie gehen systematisch vor – mit Spurensicherung und Zeugenbefragung, mit Recherchen im Leben der Opfer und der Suche nach Motiven der Verdächtigen und ihrer Alibiüberprüfung. Manchmal stecken sie in einer Sackgasse, dann hilft ihnen der Zufall. Doch aufgeben tun sie nie.

Fehler sind menschlich

Stoever begeht einige schwere Fehler: In »Schmutzarbeit« glaubt er trotz einer Warnung nicht, daß auf Professor Thorning tatsächlich ein Profikiller angesetzt ist. Der Verbrecher kann deshalb entkommen und seinen Auftrag erfüllen. In »Stoevers Fall« ist sein Freund in Lebensgefahr, er weiß es, hat aber einen Termin beim Oberstaatsanwalt. Der will ihm nur wie üblich die Leviten lesen, was den Kommissar ärgert. Der Freund wird erschossen, weil Stoever ihm nicht beigestanden hat. Dies erklärt natür-

»Schmutzarbeit«
Tatort-Nr. 216
Mit Angelika Bartsch

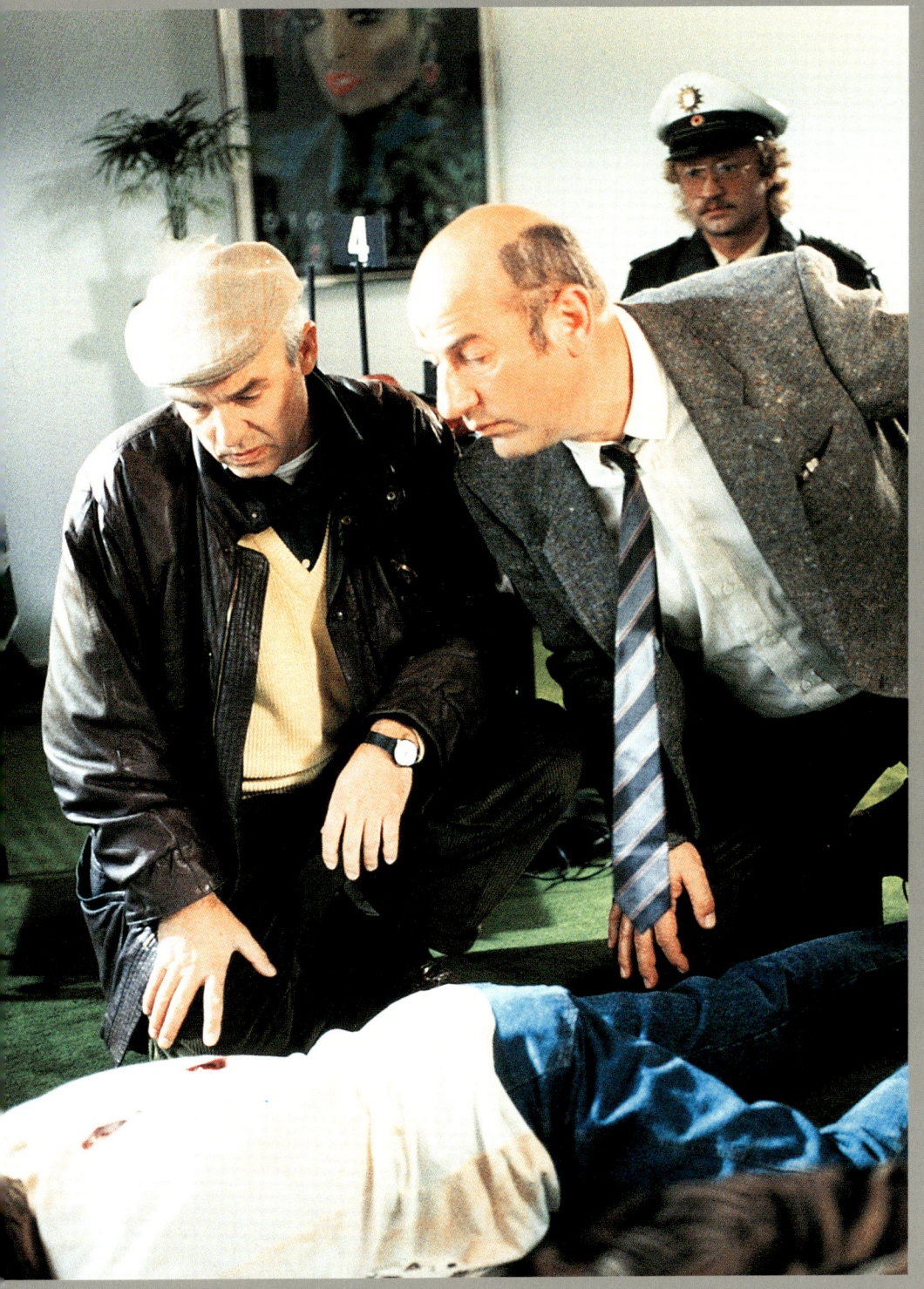

»Stoevers Fall«

Stoever ermittelt auf dem Kiez. Eine Hure spricht ihn an: »Na, Süßer, wie wär's denn?«

Stoever: »Na, Süße, das dauert zu lange bei mir (lacht). Soviel Geld kann ich gar nicht anlegen.«

»Stoevers Fall«
Tatort-Nr. 260

»Stoevers Fall«
Tatort-Nr. 260
Mit Dieter Thomas Heck

lich auch dessen Abneigung gegen seinen Vorgesetzten, der ihn immer wieder in seiner Arbeit behindert.

Undercover-Aktionen sind der neuralgische Punkt der Kommissare. Es gibt insgesamt vier Folgen, in denen verdeckt ermittelt wird, und jedes Mal scheitert diese Methode kläglich. In »Singvogel« wird Assistent Thorwald auf Stoevers Vorschlag und trotz Brockmöllers Bedenken als Häftling ins Gefängnis eingeschleust – und enttarnt. In »Voll auf Haß« wird Stoers alias Kommissar Gerd Eifels ebenfalls von Stoever (deshalb vermutlich der Deckname Stoers) in die Neonazi-Szene eingeführt. Seine Enttarnung endet mit einem Desaster. In »Undercover-Camping« begibt sich Stoever höchstpersönlich inkognito – als Barmusiker in bunten Bermudashorts, Strohhut und Hawaiihemd – im Luxuswohnwagen auf einen Campingplatz – und fliegt ebenfalls auf. Und Brockmöllers verdeckte Ermittlung als Patient im Krankenhaus endet in der psychiatrischen Abteilung (»Experiment«).

Beide Kommissare profitieren von ihrer langen beruflichen Erfahrung. Gelegentlich haben sie unterschiedliche Meinungen, was aber die Ermittlungen vorantreibt. In »Blindekuh« beispielsweise verdächtigt Brockmöller Samov, den Arbeitgeber des Opfers, Stoever hingegen Frevert, den Vater. Beide behalten am Ende auf ihre Weise sogar recht: Samov ist der faktisch Schuldige, Frevert der moralisch Schuldige.

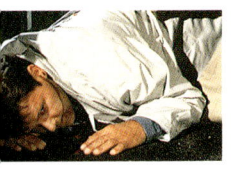

Brockmöllers Stärke beruht auf seiner Sensibilität; Stoever ist ein Verhörspezialist. Er hat wie Brockmöller ein gutes Gedächtnis, was den meisten Lügnern abgeht, und er ist ungemein hartnäckig und einschüchternd. Gewalttätig wird er eher selten, auch wenn er aggressiv wirkt. Er spielt den Choleriker nur, um sein Gegenüber einzuschüchtern. Bloß einmal schlägt er wirklich zu und das gleich richtig: Die Knastgang will Thorwald ermorden und hat ihn an einem Gitterfenster aufgehängt. Stoever kann ihn in letzter Sekunde abschneiden. Nachdem er sich um den Kollegen gekümmert hat, wendet er sich Rambo, dem Anstifter, zu: »Ich bin gegen Gewalt, äh …« – holt plötzlich aus und schlägt ihn mit einem kräftigen Kinnhaken k.o. Sein Kommentar: »Ich muß tierisch zuschlagen. Hab nur für 'ne halbe Minute Kondition.« (»Singvogel«).

Ihre Waffe benutzen beide kaum. Aber einmal kann Stoever einen Mord nur verhindern, indem er den Verbrecher erschießt. Das geschah in »Stoevers Fall«, in der

**»Undercover-Cam-
ping«**

*Stoever hat es eilig,
den Mord zu klären,
denn: »In drei Tagen
muß der Fall gelöst
sein. Die wollen hier
den Platz aufräumen.
Ich soll mitmachen
und ich hab keine
Lust. Ich habe den
Platz auch nicht
dreckig gemacht!«*

»Undercover-Camping«
Tatort-Nr. 374

späteren Folge »Fetischzauber« behauptet er allerdings, nie einen Menschen erschossen zu haben. Die Drehbücher sind jedoch nicht immer aufeinander abgestimmt, bisweilen – wie in »Schüsse auf der Autobahn« – weisen sie auch erhebliche Schwächen auf.

Wenn Stoever überhaupt nicht weiter weiß, streut er ein wenig Sand ins Getriebe. Durch gezielte Verbreitung von Informationen sorgt er für Bewegung (»Tod eines Mädchens«). Wollen die Täter nicht gestehen, weil sie annehmen, ihnen wäre nichts nachzuweisen, versuchen es die Kommissare schon mal mit einem Bluff: Stoever: »Sie sind ein Idiot. Thomas Bading wäre sowieso an seinen Verletzungen gestorben. Sie hätten einfach nur gehen müssen ...« Brockmöller: »... statt den Aschenbecher anzufassen.« Freddy: »Welchen Aschenbecher?! Ich hab' doch überhaupt keinen Aschenbecher angefaßt ... – Scheiße!« Brockmöller: »Hab' ich Aschenbecher gesagt?« (»Tod eines Mädchens«).

Bei ihrer Arbeit setzen sie sich immer voll ein, manchmal mit schlimmen Folgen für sie selbst. In »Lauf eines Todes« stürzt Brockmöller beim Kampf mit dem Mörder und muß verletzt ins Krankenhaus, was ihn nicht daran hindert, auf Krücken zu dem Mordverdächtigen ins Nebenzimmer zu humpeln, um das Verhör fortzuführen. Auch Stoever bleibt nicht verschont. In »Ein Wodka zuviel« wird er von einem Russenmafioso als Geisel genommen und durch einen Streifschuß am Hals leicht verletzt.

Amüsant ist eine kleine Anekdote aus »Tod im Elefantenhaus«. Als Stoever am Tatort einen Knopf findet, kritisiert er die schlampige Arbeit der Spurensicherung. Später sieht man ihn im Büro mit Brockmöller. Er hält seine Jacke auf dem Schoß, holt Nähzeug aus der Schublade und – näht den Knopf an. Natürlich verliert er kein Wort über die eigene Schlampigkeit. Komisch ist auch ein Ereignis, von dem die »Hamburger Morgenpost« am 26. Oktober 1994 berichtete: Bei den Arbeiten für »Tod auf Eis« mußte die Crew kriminalistische Fähigkeiten beweisen, da das Drehbuch verschwunden war. Nach 24 Stunden fand man es: Eine Putzfrau hatte es in den Müll geworfen.

»Tod eines Mädchens«

Brockmöller und Stoever stehen auf dem Flur des Präsidiums und sehen eine Blonde mit schönen langen Beinen in eines der Zimmer gehen. Brockmöller: »Was willst du denn mit so 'nem jungen Ding?« Stoever: »Händchenhalten und ihr ganz zärtlich den Unterschied zwischen Tatort und Totschlag erklären.« Brockmöller lachend: »Du glaubst, das würde sie interessieren?« Stoever: »Wäre mir völlig wurscht.« Brockmöller: »Ich wußte gar nicht, daß du scharf auf kleine Mädchen bist.«

Stoever: »Auf kleine Mädchen sind wir doch alle scharf, Brocki, oder?«

»Tod eines Mädchens«
Tatort-Nr. 246
Mit Dieter Ohlendiek

Anarchos

Beide Kommissare sind frustrierte Sozis, von ihrer Partei enttäuscht, weil sich Filz und Korruption ausgebreitet haben. Dies wird besonders in »Parteifreunde« thematisiert, in dem der Mord an einem Kleinganoven nur Vorwand ist, um einen Blick in Politiker- abgründe und Parteiengekungel wagen zu können. Als »Funktionärspack« beschimpft Sudhoff, der verbitterte Altfunktionär einer nichtgenannten, in Hamburg regierenden Partei, den mit allen Wassern gewaschenen Emporkömmling Hancke. »Ein Parteifreund ist nicht das, was man im alltäglichen Leben einen Freund nennt«, sagt er zu Stoever. Die Partei kennt keine Freundschaft. Hancke ist ein rücksichtsloser Karrierist, der einen Ganoven anheuert, um den Gegner zu Fall zu bringen. Was rela- tiv einfach ist, da auch der nicht ganz sauber ist: Priebeck fotografiert gerne kleine Jungen. Ein Pädophiler wird von einem Erpresser abgelöst. »Gerechtigkeit ist im Bauplan der Natur nicht vorgesehen«, heißt es knochentrocken bei Sudhoff. »Wer im Licht der Öffentlichkeit steht, wird im Licht dieser öffentlich geschlachtet.« Es wird taktiert, verschleiert, intrigiert. Selbstverständlich versucht der angehende Innense- nator Hancke, die Kommissare über deren obersten Dienstherrn kaltzustellen. Der ist natürlich ein Parteifreund, wie Brockmöller anmerkt. Darauf Stoever lapidar: »Des- halb ist er ja unser oberster Dienstherr.« Die beiden lassen sich aber nicht einschüch- tern und verweisen nur auf ihre nahende Pensionsgrenze: »Ich frage mich, ob so'n Typ in stillen Stunden spürt, daß er ein Arschloch ist«, gibt Stoever despektierlich über Hancke zu bedenken.

Stoevers Attacken gegen die »Legastheniker von der Blöd-Zeitung« sind Le- gende. Brockmöllers Töne sind leiser, aber nicht weniger unmißverständlich. Über Lehrer, immerhin Beamte und Repräsentanten der gesellschaftlichen Ordnung, äußert er sich spontan: »Lehrer, die wissen doch nie was.« Aber auch dem eigenen Berufsstand stehen die Kommissare durchaus kritisch gegenüber.

Vorgesetzte, Kollegen, Assistenten

Wie im Prinzip alle »Tatort«-Kommissare haben auch Stoever und Brockmöller Pro- bleme mit ihren Vorgesetzten, sowohl mit dem Polizeipräsidenten als auch dem von Rolf Becker gespielten Oberstaatsanwalt. Vor allem Stoever gerät immer wieder auf

»Parteifreunde«

Der pädophile Senator Priebeck zu Stoever: »Wenn Sie von einem krankhaften Verlan- gen verfolgt werden, gegen das Sie sich nicht wehren können, sprechen Sie mit nie- mandem darüber.« Stoever: »Gegen ein krankhaftes Verlangen muß man sich weh- ren. Ich werde auch von einem krankhaf- ten Verlangen ver- folgt. Ich würde am liebsten heute noch jede Siebzehnjährige vögeln, wenn ich könnte.«

»Parteifreunde«
Tatort-Nr. 345
Mit Sven-Eric Bechtolf
und Rolf Hoppe (rechts)

*Stoever zu Brockmöl-
ler: »Ich hasse Dörfer.
Jeder hat mit jedem
was zu tun. Und dann
doch wieder keiner
mit keinem.«*

»Mord hinterm Deich«
Tatort-Nr. 363
Mit Heiner Lauterbach

Kollisionskurs, denn Anordnungen reizen ihn automatisch zum Widerspruch. Auch bei Kollegen kennt er kein Pardon. Wenn sich einer als Krimineller entpuppt, ermittelt er gnadenlos, selbst wenn ihm das beruflichen Ärger einbringt. Brockmöller steht dann ganz auf Stoevers Seite.

Zwei Fahnder haben die beiden bereits ›verschlissen‹ – Meyer II und Thorwald. Meyer II mit seiner roten Wollmütze, der Weste, den abgetretenen Turnschuhen und den ausgefransten Jeans ist Zielscheibe von Stoevers spöttischen Bemerkungen. »Meyer II fahndet nach Hefebakterien«, frotzelt er einmal. Als er ihn vom Telefon weg zu einem Einsatz ruft und Meyer II fragt, ob er auflegen soll, antwortet Stoever frech: »Du kannst den Hörer auch mitnehmen.« Das Gehirn des einfach gestrickten Kollegen nennt er »Bierschwämmchen«.

Die selbstaufopfernde und bedenkenlose Treue von Meyer II ist beachtenswert. In manchen Momenten darf er seine schonungslose Einsatzbereitschaft jedoch ausgleichen (mit Bierchen natürlich). Meyer II ist im Polizeiapparat die unterjochte Jugend, die aktivste Kraft der Abteilung, verrichtet aber nicht Denk-, sondern Drecksarbeit. Tag und Nacht steht er bereit für Recherchen und Observierungen, muß er ins Archiv und manchmal auch einen längeren Weg zwecks Zeitmessung zu Fuß ablaufen. Er ist um sein Los nicht zu beneiden. Anerkennung für seine Arbeit erhält er nur wenig. Kurz und schlimm: Stoever und Brocki haben keine Skrupel, ihn auszubeuten. Meyer II ist der Akteur, der die mangelnde demokratische Substanz seiner Bezugspersonen aufdeckt. Sogar Brockmöller kommandiert ihn herum und läßt ihn für sich privat einkaufen. Meyer II ist ein Polizist vom Typ Hauptmeister Rex. Spürhund. Er läßt alles gutmütig und mit nur leisem Protest über sich ergehen.

Wo es einen Meyer II gibt, wird es auch einen Vorgänger gegeben haben. Die Spürhunde werden durchnumeriert. Meyer IIs unermüdlicher Einsatz führt dazu, daß er von Brockmöller und Stoever permanent gehetzt wird. Manchmal ist ein verzagtes Bellen von ihm zu vernehmen, aber er gehorcht dann doch, bis er schließlich im Einsatz getötet wird. Als er in einem Hotelzimmer verblutet, trifft es die beiden Kommissare schlimmer als erwartet. Sie haben ihn liebgewonnen, ohne es eigentlich zu merken. Nun scheint ihnen ihr Verhalten ein wenig leid zu tun. Zugegeben, Meyer II war nicht sonderlich clever, hat viele Einsätze vermasselt, sich dabei mit Ketchup und Kaf-

42

»Lockvögel«

Stoever: »Du schnappst dir Kaiser und fertig.«
Brockmöller: »Ich?!«
Stoever: »Natürlich du. Du kommst dann gleich an die Software ran. Ich kann damit nichts anfangen.«
Brockmöller: »Alles ohne Staatsanwalt und ohne Durchsuchungsbefehl?!«
Stoever: »Mit Durchsuchungsbefehl kann das jeder.«

»Lockvögel«
Tatort-Nr. 334
Mit Dirk Martens und
Rolf Becker (rechts)

»Fetischzauber«

Brockmöller: »Ich hab' meinen Dienstausweis zu Hause vergessen. Ist mir ja noch nie passiert.«

Stoever: »Wie heißt dieser Professor noch ...?«

44

Brockmöller: »Alzheimer.«

Stoever: »Ja, solange dir der Name noch einfällt, hast du's noch nicht.«

»Fetischzauber«
Tatort-Nr. 331
Mit Oliver Betke und
Derval de Faria (Mitte)

»Lockvögel«
Tatort-Nr. 334
Mit Dirk Martens und
Rolf Becker (rechts)

»Fetischzauber«

Brockmöller: »Ich hab'
meinen Dienstausweis
zu Hause vergessen.
Ist mir ja noch nie
passiert.«
Stoever: »Wie heißt
dieser Professor
noch ...?«
Brockmöller:
»Alzheimer.«
Stoever: »Ja, solange
dir der Name noch
einfällt, hast du's noch
nicht.«

»Fetischzauber«
Tatort-Nr. 331
Mit Oliver Betke und
Derval de Faria (Mitte)

»Fetischzauber«
Mit Chantal de Freitas
und Derval de Faria

fee bekleckert, aber er hatte auch eine Sternstunde: als er sich ein »Bonbon« aus der Tüte der ermordeten Krankenschwester in den Mund steckt, entdeckt er, daß es eine Ampulle ist (»Experiment«).

Meyer IIs Nachfolger wird Thorwald, ein engagierter Dorfpolizist. Stoever, der ihn einmal versehentlich Meyer II nennt, ist gleich von ihm angetan, nicht nur, weil Thorwald clever ist, sondern auch, weil er von sich aus ein Hotelzimmer für ihn reserviert. Es kommt Stoevers Bequemlichkeit entgegen, daß Thorwald keine Anweisungen braucht, sondern Eigeninitiative ergreift und mitdenkt. Doch die Beziehung bleibt eher kühl. Thorwald, den man nicht mal eben zum Einkaufen schicken kann, ist bald im Einsatz verschlissen. Er stirbt zwar nicht wie Meyer II, wird aber bei einer Undercover-Aktion im Gefängnis beinahe ermordet. Stoever kann ihn im letzten Moment retten (»Singvogel«). Der aktuelle Fahnder Struve ist von unauffälliger Mittelmäßigkeit und bleibt meist im Hintergrund.

Hobby: die Musik

In »Tod auf Eis« und »Ein Wodka zuviel« haben Krug und Brauer bereits ein wenig vor sich hingesungen, aus dem Stegreif und unplanmäßig sozusagen. Beginnend mit »Tod auf Neuwerk« wurde in den »Tatorten« eine Nebenhandlung etabliert, in der die beiden Kommissare ihrer alten Leidenschaft für die (Jazz-)Musik frönen. Der Einstieg in diese Nebenhandlung wurde als etwas Beiläufiges inszeniert: Bei schlechtem Wetter auf Neuwerk klimpert Stoever anfangs gelangweilt auf einem Klavier, Brockmöller stimmt ein, und sie singen *Somewhere Over The Rainbow*, einen Klassiker, den Judy Garland 1939 als Dorothy in »The Wizard of Oz« (Das zauberhafte Land) gesungen hat. Fortan spielt Brockmöller auf der Mundharmonika, Stoever auf dem Klavier oder einem tragbaren Keyboard, welches er auch schon mal mit ins Büro bringt oder – wie in »Fetischzauber« – zu Brocki ins Krankenhaus.

Ihre Leidenschaft für die Musik hängt eng zusammen mit den bisweilen aufkommenden Schwärmereien, in denen die guten alten Zeiten beschworen werden. Diese Nebenhandlung verleiht den Kommissaren eine reizvolle Identität jenseits der Polizeiarbeit, vermittelt ein Stück Privates. Auch sehen sie in der Musik gelegentlich eine Möglichkeit, wie sie ihr Leben nach der Pensionierung weiterführen könnten.

»Ausgespielt«

Stoever und Brock-möller hören alte Platten.

Brockmöller: »Wenn du heute den Techno-Schrott hörst ...«

Stoever: »Techno laß ich nur bei meinem Zahnarzt spielen, damit ich den Bohrer nicht hör.«

»Ausgespielt«
Tatort-Nr. 352
Mit Anna Maria Kaufmann,
Burkhardt Klaußner (2. v. l.)
und Gottfried Böttcher
(am Klavier)

48 »Arme Püppi«
Tatort-Nr. 386

Die Gesangseinlagen wirken nicht auf die Filmhandlung draufgesattelt, vielmehr ergeben sie sich in bestimmten Momenten eher beiläufig und erzeugen keine Brüche im erzählerischen Ablauf. In den einzelnen Folgen ergibt sich immer mal wieder die Gelegenheit, ein Lied zu singen, ein Stück zu spielen, zu zweit oder mit anderen Menschen, die gerne musizieren. Die beiden Schauspieler haben offensichtlich einigen Spaß daran, der sich dann auch auf die Zuschauer überträgt.

In »Ausgespielt« steht den beiden Kommissaren eine ganze Reihe von Musikern zur Seite. So der Musical-Star Anna Maria Kaufmann, Bill Ramsey mit einem Kurzauftritt als Kneipenwirt, Gottfried Böttcher als Pianist, und NDR-Moderator Carlo von Tiedemann schließlich tritt als er selbst auf.

Die Gesangseinlagen werden professionell im Studio aufgenommen. Zwar können Krug und Brauer ihre Instrumente tatsächlich spielen, für die Aufnahmen selbst werden aber routinierte Studiomusiker verpflichtet. Die Arrangements zu »Undercover-Camping« stammen zum Beispiel von Klaus Doldinger, der auch die Titelmusik zur »Tatort«-Reihe geschrieben hat.

Sowohl beim Publikum als auch bei den Kritikern kommen die musikalischen Einsprengsel im meist tristen Polizeialltag sehr gut an, und viele warten schon lange auf die erste CD des Duos.

»Arme Püppi«
Tatort-Nr. 386

»Schüsse auf der
Autobahn«
Tatort-Nr. 389
Mit Peter Mohrdiek,
Bernd Tauber und
Tatjana Clasing (v.l.n.r.)

Filmtitel	Musikstück	Handlungssituation
Tod auf Eis	Es liegt was in der Luft	Stoever und Brocki singen im Kühlraum des Hotels.
Ein Wodka zuviel	Kalinka	Stoever und Brocki grölen das Lied auf einer Party in Stoevers Wohnung gemeinsam mit einem russischen Kollegen.
Tod auf Neuwerk	Somewhere Over The Rainbow	Kneipe auf Neuwerk, nachts, Improvisation nach Themeneinführung; beide Gesang, Stoever Klavier.
Fetischzauber		Brocki findet eine alte Mundharmonika wieder, Stoever kauft ein Keyboard.
	1. In A Sentimental Mood	Brocki improvisiert im Auto auf der Mundharmonika;
	2. Cry Me A River	Während sie auf den Disco-Besitzer warten, spielen und singen sie gemeinsam.
Lockvögel	Quiet Nights of Quiet Stars	In einem Jazzkeller spielen sie mit drei befreundeten Musikern; Brocki Mundharmonika, Stoever Gesang.
Mord hinterm Deich	But Not For Me	Nachts im Kommissariat; beide Gesang, Brocki Mundharmonika, Stoever Keyboard.
Ausgespielt	St. James Infirmary	Abends in Brockis Wohnung; Brocki Mundharmonika, Stoever Keyboard.
Parteifreunde	Spiel mir eine alte Melodie	Wartend im Auto, Gespräch über Steuern, das Radio wird angestellt, aus dem der alte Schlager kommt, beide singen mit.
Undercover-Camping	1. Peterle, mein kleines Peterle	In einer Kneipe singt Stoever für Sofie und spielt dazu Klavier.
	2. Goody Goody For Me	In altem Vereinssaal; beide Gesang, Stoever spielt Hammond-Orgel.
Arme Püppi	1. Sentimental Journey	Nachts in der Polizeikantine; Brocki spielt Mundharmonika, Stoever Klavier.
	2. Wenn der Schutzmann ums Eck kommt	Stoever und Brocki singen in einer Kneipe.
Schüsse auf der Autobahn	Jim, Johnny und Jonas	Befragung des Truckers Erich, der das Stück auf der Gitarre spielt; Stoever und Brocki singen mit.
Habgier	Stormy Weather	Im Kommissariat; beide Gesang; Brocki Mundharmonika, Stoever Keyboard.

»Ausgespielt«
Tatort-Nr. 352

Die Hauptdarsteller

In mehr als 30 Fällen haben Stoever und Brockmöller bislang ermittelt. Niemand war
so fleißig wie diese beiden selbstbewußten, gestandenen Herren von der Waterkant.
Selbst das WDR-Erfolgsduo aus dem Kohlenpott, Schimanski und Thanner, brachte es
»nur« auf 29 Folgen. Auch in der Beliebtheitsskala sind Krug und Brauer, verglichen
mit ihren noch aktiven »Tatort«-Kollegen, unschlagbar. Das liegt sicher nicht allein
an der Qualität der Drehbücher, die bisweilen schon leicht zu wünschen übrig läßt.
Krug war deswegen nahe dran, seine Dienstmarke wegzuwerfen. »Stoevers Fall«
sollte eigentlich seine letzte Arbeit sein, doch er verlängerte, nicht zuletzt deshalb,
weil er seinen Freund Werner Masten als Regisseur durchsetzen konnte.

Ihren Erfolg haben Krug und Brauer in erster Linie sich selbst zu verdanken.
Beide haben ihren Figuren feste Konturen gegeben, sie zu realistischen, greifbaren
Charakteren gemacht – und das über all die Jahre hinweg auch sauber durchgehal-
ten. »Die Persönlichkeit des Kommissars entscheidet über den Erfolg der Sendung«,
so der Erfinder und Koordinator des »Tatorts«, Gunther Witte, in der Programmzeitschrift »Hör zu« (23.1.1998). Krug und Brauer können selbst schlechte Drehbücher
und eine schwache Dramaturgie ausgleichen. Stoever und Brockmöller sind klasse,
heißt es dann für gewöhnlich – wenn nur das Drumherum mit den lästigen Morden
nicht wäre.

Das Duo hält selbst dem kritischen Blick von Krimi-Veteran Stephan Derrick alias
Horst Tappert stand. Der hatte zwar auch einiges am Drehbuch von »Arme Püppi« zu
bemängeln, schätzte die »Tatorte« mit Stoever/Brockmöller insgesamt aber positiv
ein: Sie seien es immer wert, angesehen zu werden – interessante Fälle und sehr
schöne Dialoge. Die Kommissare paßten gut zusammen, seien starke Persönlichkei-
ten. Stoever wisse, wie man ein Verhör zu führen habe. Er sei sachlich, locke den Verdächtigen in eine Falle und schnappe dann zu ...

Für seinen Erfolg in dieser Rolle hat der robuste Krug (1,90 m, 100 Kilo) eine so
einfache wie passende Erklärung: »Das Charakteristische am Stoever, das bin ich.«

Womit er sicher recht hat, denn zweifelsohne scheint sein Charakter immer stark durch. Was aber nicht heißt, daß er nur sich selbst spielt. Vergleicht man beispielsweise Paul Stoever mit Robert Liebling, dann sind durchaus – wenn man nur genau genug hinschaut – feine Unterschiede zu erkennen.

Ohne Charles Brauer mit seinem gepflegten Understatement wären die Folgen aber nur halb so schön. Brauer, übrigens Hauptkommissar wie Stoever und ein mindestens ebenso guter Ermittler wie dieser, ist wichtiger Dialogpartner Krugs, nicht nur dessen Stichwortgeber. Sein Brockmöller schafft es, sich ohne Getöse, auf eine leise, feine Art gegenüber dem dominanten Stoever zu behaupten. Die Drehbücher indes haben ihm oft nur die undankbare Rolle eines kauzigen Gehilfen zugewiesen. Ergebnis: Brauer hatte keine Lust mehr und wollte den Dienst quittieren. Doch Stoever ohne Brockmöller: Das wäre ja nur der halbe Spaß. Wem sollte der Polterkopf dann seine Gefühle zeigen, Zuneigung und Freundschaft bekunden? Eine von Stoevers wichtigen Eigenschaften – vielleicht etwas aus der Mode gekommen, aber liebenswert allemal – ist ja gerade seine Loyalität gegenüber einem Freund.

»Tödliche Freundschaft«
Tatort-Nr. 310

Manfred Krug

Manfred Krug wurde am 8. Februar 1937 in Duisburg geboren. Bei der Scheidung der Eltern wird er dem Vater zugesprochen, sein jüngerer Bruder der Mutter. Als Richard Krug seine Arbeit als Eisenhütten-Ingenieur verliert, geht er nach Leipzig. Der Sohn bleibt zunächst bei der Oma (Krug nennt sie »großartig«) in Duisburg und wird 1949, als der Vater wieder Arbeit gefunden hat, nachgeholt. Manfred Krug

gefällt es nicht in der neuen Heimat, immer wieder reißt er aus gen Westen. Elfmal wechselt er die Schule. Mit 14 Jahren zwingt ihn der Vater in eine Lehre als Schmelzer im Stahl- und Walzwerk Brandenburg. Drei Jahre später ist er der jüngste Facharbeiter der Republik. Neben seinem Drei-Schicht-Dienst besucht er die Abendoberschule, um das Abitur nachzuholen. Gegen den Willen des Vaters bewirbt er sich 1954 an der Staatlichen Schauspielschule in Ost-Berlin und wird angenommen, aber

kurz darauf aufgrund disziplinarischer Probleme exmatrikuliert. Danach sammelt er am Berliner Ensemble praktische Theatererfahrungen und legt 1955 seine Bühnenreifeprüfung ab. In kleineren Rollen ist er u.a. in »Galileo Galilei« und »Der Held der westlichen Welt« zu sehen; in der Brecht-Inszenierung von Bechers »Winterschlacht« spielt er einen Panzerleutnant. Bei der DEFA tritt er 1956 erstmals vor die Kamera – mit einer Komparsenrolle im Operettenfilm »Mazurka der Liebe«. Im selben Jahr ist

er als Halbstarker in Kurt Maetzigs populärer Gegenwartskomödie »Vergeßt mir meine Traudel nicht« im Kino zu sehen. Im Krimi »Ware für Katalonien« verkörpert er 1959 erneut sehr typgerecht einen Halbstarken. Seine »erste größere Rolle in einem guten Film«, so Krug, übernimmt er 1960 in Frank Beyers »Fünf Patronenhülsen«; in dieser Episode aus dem Spanischen Bürgerkrieg spielt er – u.a. neben Armin Mueller-Stahl – den jungen polnischen Interbrigadisten Oleg. Daß die proletarische Her-

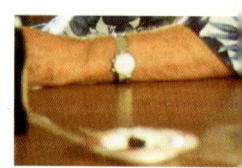

kunft kein Hindernis für die Karriere, sondern durch autobiografische Elemente zu befördern ist, beweist er eindrucksvoll im sogenannten Gegenwartslustspiel »Auf der Sonnenseite«. Der ins Stahlwerk strafversetzte, renitente Schauspieleleve Martin Hoff wird 1962 sein erster großer Publikumserfolg. Auch vor den Kritikern kann er mit seiner Leistung bestehen, sie loben vor allem Krugs Natürlichkeit und Lässigkeit – schon damals hatte er keine Probleme mit dem selbstbewußten Auftritt. Gesungen hat er übrigens auch schon in diesem Film – außer dem Titelsong mit dem berühm-

»Undercover-Camping
Tatort-Nr. 374

»Irren ist tödlich«
Tatort-Nr. 168
Mit Herbert Trattnigg

ten Vers »Koche mit Liebe, würze mit Bino« eine breite Palette vom Volks- und Arbei-
terlied über Schlager bis zum Jazz. 1962 gibt er sein erstes Jazzkonzert und bringt
die erste Schallplatte auf den Markt, der in den nächsten Jahren weitere überaus
erfolgreiche Produktionen folgen. Dazu gehören die Mitschnitte der legendären
Veranstaltungsreihe »Lyrik – Jazz – Prosa«, vor allem aber seine – gemeinsam mit
Günther Fischer und dessen Band eingespielten – Soloalben wie »Das war nur ein

Moment« oder »Greens«. Krug erobert sich als Schauspieler wie als Sänger ein Mas-
senpublikum, und selbst wenn er von sich im Rückblick behauptet: »Ein Star war ich
nie«, so ist er in der DDR nichts weniger als das gewesen. Im Film kann er sein Können in anspruchsvollen Rollen unter Beweis stellen und mit renommierten Regisseu-
ren arbeiten. Als aber die SED im Dezember 1965 auf dem berüchtigten 11. Plenum
des ZK fast einen gesamten DEFA-Jahrgang auf den Index setzt und der Öffentlichkeit entzieht, trifft diese inquisitorische Maßnahme auch Krug. Drei Filme, an denen
er mitgewirkt hat, fallen dem Verbot zum Opfer. Neben Kurt Barthels »Fräulein
Schmetterling« und Egon Günthers »Wenn du groß bist, lieber Adam« trifft es mit
besonderer Wucht und Härte Frank Beyers gesellschaftskritisches Werk »Spur der
Steine«. Hier spielt Krug auf einer Großbaustelle des Sozialismus den aufsässigen
Zimmermannsbrigadier Hannes Balla. Im Grunde ein idealtypischer proletarischer
Held, kompromißlos gerecht, offen und ehrlich. Aber Krugs Balla ist vor allem auch
ein anarchistischer Rebell im permanenten Kampf gegen Bürokratie und Parteidirek-
tiven – und paßt somit ganz und gar nicht ins gewünschte Bild des Arbeiter- und
Bauernstaats. Das Verdikt von »Spur der Steine« kann Krugs Popularität nichts an-
haben, auch in der Folgezeit wird er für zahlreiche Film- und Fernsehproduktionen
verpflichtet. Für die Verkörperung des Kommunisten Willy Heyer im TV-Mehrteiler
»Wege übers Land« erhält er 1968 (im Kollektiv) den Nationalpreis I. Klasse. Eine
Paraderolle für ihn ist der Titelheld in der Mantel- und Degen-Komödie »Hauptmann
Florian von der Mühle« (1968). 1970 übernimmt er an der Komischen Oper Berlin in
Götz Friedrichs Inszenierung von »Porgy und Bess« den Sporting Life; nicht zuletzt
seiner Mitwirkung wegen kann sich das Stück bis 1976 auf dem Spielplan des Hauses behaupten. In den Jahren 1969, 1971 und 1973 küren ihn die Leser der TV-Illu-
strierten »FF dabei« zum Publikumsliebling.

»Armer Nanosh«
Tatort-Nr. 220
Mit Edgar Selge

»Amoklauf«
Tatort-Nr. 268
Mit Özlem Götsbulut

Als im November 1976 sein Freund, der Liedermacher Wolf Biermann, nach dessen Kölner Konzert auf SED-Geheiß »ausgebürgert« wird, unterschreibt Krug gemeinsam mit anderen Künstlern eine Protestresolution, in der sie darum bitten, »die beschlossenen Maßnahmen zu überdenken«. Ein inoffizieller, geheimer Vermittlungsversuch zwischen Regierung und Künstlern, der am 20. November 1976 in Krugs Pankower Wohnung stattfindet (er schildert das Procedere in seinem 1996 erschienenen Buch »Abgehauen«) muß zwangsläufig scheitern. Damit ist de facto auch Krugs DDR-Karriere beendet, er wird kaltgestellt.

Zwei bereits abgedrehte DEFA-Streifen kommen nicht in die Kinos, das Fernsehen zieht feste Zusagen zurück, Jazzkonzerte fallen ersatzlos aus, bei den wenigen noch verbliebenen Auftritten sitzen steife Parteikader observierend im Saal, seine Bühnenansagen werden demonstrativ aufgezeichnet. Das brüskierende Angebot, einige Takes eines rumänischen Films zu synchronisieren, lehnt er selbstverständlich ab; das Maß ist voll.

In einer Mischung aus Wut und Empörung stellt er am 20. April 1977 für sich und seine Familie – Ehefrau Ottilie, Sohn Daniel (1964), die Töchter Josephine (1965) und Stephanie (1970) sowie die langjährige Haushälterin Marie – den »Antrag auf Ausreise aus der DDR in die BRD«. Einige nennen ihn einen Verräter; er weiß nicht, ob man ihn verhaften wird. Mit emotionalen Schmerzen, doch ohne Schwierigkeiten mit den Behörden siedelt Krug dann am 20. Juni 1977 von Pankow nach Charlottenburg über.

Sein erster Kinofilm im Westen wird Max Willutzkis »Die Faust in der Tasche«; der Durchbruch gelingt ihm 1978 als Fernfahrer Franz Meersdonk in der ARD-Vorabendserie »Auf Achse«; 1981 ist er erstmals in dem Kinderserial »Sesamstraße« zu sehen. 1984 nimmt er seine Arbeit als NDR-»Tatort«-Kommissar Stoever auf; seit 1986 betreibt er mit großem Erfolg eine unkonventionelle Kanzlei in der Serie »Liebling Kreuzberg«. Die ebenso bärbeißige wie charmante Figur des Anwalts Robert Liebling hat ihm sein langjähriger Freund Jurek Becker geradezu auf den Leib geschrieben.

Mag Krug auch in vielen anderen Film- und Fernsehproduktionen mitwirken oder sich als Musiker versuchen: die anhaltende Popularität und Beliebtheit bei

»Tod eines Mädchens«
Tatort-Nr. 246

»Spuk aus der Eiszeit«
Tatort-Nr. 207
Mit Pia Podgornik

Stoever zu Brockmöl-
ler: »Gehst du eigent-
lich zur Wahl? Was
wählst'n du?«
Brockmöller: »Aber
Paul, das darf ich dir
doch nicht sagen. Das
ist doch Wahlgeheim-
nis. Stell dir mal vor,
das kommt raus –
werden wir beide
womöglich noch
paritätisch besetzt!«

einem Millionenpublikum verdankt er jedoch seinen Rollen als Kommissar und Anwalt. Für die Medien ist es deshalb ein gefundenes Fressen, als er sich plötzlich auf der anderen Seite des Gesetzes wiederfindet: Krug, keineswegs zimperlich, soll im Februar 1991 einen anderen Autofahrer genötigt, beleidigt und mißhandelt haben. Die Nötigung und die Beleidigung gibt er zu, die Körperverletzung bestreitet er. Der Richter glaubt dem Angeklagten und verurteilt ihn »nur« zu einer Geldstrafe von 25.000 Mark. »Liebling«-Fans mögen sich da an eine Folge erinnern, in der Robert seine Kollegin Isenthal erfolgreich verteidigt. Die gegen sie erhobene Anklage enthält deutliche Verweise auf Krugs eigenen Fall ...

69

Anfang der neunziger Jahre erfährt Krug aus den Stasi-Akten, daß er von seinem langjährigen Busenfreund und Kollegen Günther Fischer, mit dem er all seine Platten aufgenommen, Konzerte gegeben und der zahllose Filmmusiken komponiert hat, bespitzelt worden ist – selbst noch nach dem Weggang, als IMS »Günther« auf Westreisen immer mal wieder bei ihm vorbeigeschaut hat. Krug ist erschüttert, habe er »Günthi« doch geliebt wie einen kleinen Bruder.

Ein harter Schlag für ihn ist auch der Verlust seines engen Freundes und Weggefährten Jurek Becker, der 1997 an Krebs stirbt. Als Erinnerung und Hommage veröffentlicht er in einem Buch die zahlreichen Ansichtskarten, die Becker Krug und dessen Frau Ottilie im Laufe der Jahre geschickt hat. Am 30. Juni 1997 erleidet Krug einen Schlaganfall; die Arbeiten an der von ihm mitverfaßten »Tatort«-Folge »Arme Püppi«, die im Juli beginnen sollen, müssen um ein halbes Jahr verschoben werden. Nach seiner Genesung fertiggestellt, läßt Krug in diesem Film eine neue Melancholie und Ernsthaftigkeit spüren.

Manfred Krug ist ein Schauspieler, der aufgrund seiner Natürlichkeit, Direktheit und der seltenen Kombination aus Intellekt und Körperlichkeit große Wirkung erzielt. Er kann den zupackenden Kriminalisten und den intelligenten Trucker gleichermaßen glaubwürdig verkörpern. Vielleicht liegt hierin das Geheimnis seines Erfolges. Vielfach ist er für seine Leistungen ausgezeichnet worden, unter anderem mit dem renommierten Adolf-Grimme-Preis in Silber für »Liebling Kreuzberg«, mit dem Bambi und dem TeleStar, mit dem Ernst-Lubitsch-Preis und dem Bayerischen Filmpreis. Krugs Platten werden mittlerweile als Raritäten hoch gehandelt.

Auch als Werbeprofi (unter anderem für Wackelpudding und eine Rechtsschutz-versicherung, für Bier und Hochprozentiges, für Waschmittel und ein Telekommuni-kationsunternehmen) steht er hoch im Kurs. Soviel Erfolg und Popularität hat auch Nachteile: Seit Jahren gibt er keine Interviews, verweigert er sich dem Talkshow-Rummel. Begründung: zu oft sei er unfair von den Medien angefeindet worden. Außerdem möchte er vermeiden, daß ihn die Zuschauer »irgendwann satt haben«, denn als Schauspieler sei er ja bereits häufig im Fernsehen zu sehen ...

Filmographie

1957: Mazurka der Liebe (Regie: Hans Müller); Vergeßt mir meine Traudel nicht (Regie: Kurt Maetzig); Gefährliche Wahrheit / TV-Spiel (Regie: Karl-Heinz Bieber); Der Freischütz / TV-Spiel (Regie: Werner Kelch). 1958: Ein Mädchen von 16½ (Regie: Carl Balhaus); Brigade Karhan / TV-Spiel (Regie: Karl-Heinz Bieber); 1959: Ware für Katalonien (Regie: Richard Groschopp); Reportage 57 (Regie: János Veiczi); Tote See-len / TV-Spiel (Regie: Otto Dierichs); Ich selbst und kein Engel / TV-Spiel (Regie: Ri-chard Swinarski); Bevor der Blitz einschlägt (Regie: Richard Groschopp); Wenn die

Nacht kein Ende nimmt / TV-Spiel (Regie: Wilhelm Gröhl). 1960: Leute mit Flügeln (Regie: Konrad Wolf); Fünf Patronenhülsen (Regie: Frank Beyer); Was wäre, wenn ... (Regie: Gerhard Klingenberg); Fräulein mit Courage / TV-Spiel (Regie: Gerhard Klingenberg); Die Talente / TV-Spiel (Regie: Hans-Dieter Schmidt); Jonny Belinda / TV-Spiel (Regie: Jürgen Degenhardt); Hoffnung auf Kredit / TV-Spiel (Regie: Ralf Kirsten). 1961: Professor Mamlock (Regie: Konrad Wolf); Drei Kapitel Glück (Regie: Walter Beck); Guten Tag, lieber Tag (Regie: Gerhard Klingenberg); Bei Anruf Mord / TV-Spiel

(Regie: Gerhard Klingenberg); Drei von vielen (Regie: Jürgen Böttcher); Urfaust / TV-Spiel (Regie: Joachim Hübner, Hans-Peter Minetti).1962: Auf der Sonnenseite (Regie: Ralf Kirsten); Revue um Mitternacht (Regie: Gottfried Kolditz); Königskinder (Regie: Frank Beyer); Minna von Barnhelm oder Das Soldatenglück (Regie: Martin Hellberg); Der Kinnhaken (Regie: Heinz Thiel, Drehbuch: Manfred Krug/Horst Bastian); Stell-dichein bei Huckebein, Episode: Labyrinth der Liebe / Kinomagazin in der Stacheltier-Reihe (Regie: Hubert Hoelzke). 1963: Beschreibung eines Sommers (Regie: Ralf Kir-sten); Nebel (Regie: Joachim Hasler); Der Boxer und der Tod / TV (Regie: Peter Solan);

»Tod auf Eis«
Tatort-Nr. 185
Mit Rüdiger Bahr

»Singvogel«
Tatort-Nr. 292
Mit Mark Keller

Engel, Sünden und Verkehr, Teil 2: Der Wettlauf des Hasen mit dem Igel / Kinomagazin in der Stacheltier-Reihe (Regie: Horst Seemann). 1964: Mir nach, Canaillen! (Regie: Ralf Kirsten). 1965: Die antike Münze (Regie: Vladimir Jantschev); König Drosselbart (Regie: Walter Beck); Wenn du groß bist, lieber Adam (Regie: Egon Günther). 1966: Fräulein Schmetterling (Regie: Kurt Barthel); Spur der Steine (Regie: Frank Beyer). 1967: Frau Venus und ihr Teufel (Regie: Ralf Kirsten, Drehbuch: Brigitte und Ralf Kirsten mit Manfred Krug); Die Fahne von Kriwoj Rog (Regie: Kurt Maetzig). 1968: Abschied (Regie: Egon Günther); Hauptmann Florian von der Mühle (Regie: Werner W. Wallroth); Gesicht einer Jugend / Kurz-Dokfilm (Regie: Manfred Gussmann, Musik: Manfred Krug mit Klaus Lenz); Wege übers Land / TV-Fünfteiler (Regie: Martin Eckermann). 1969: Käuzchenkuhle (Regie: Walter Beck, Musik: Manfred Krug mit Klaus Lenz); Mit mir nicht, Madam! (Regie: Roland Oehme, Lothar Warneke); Weite Straßen, stille Liebe (Regie: Herrmann Zschoche). 1970: Junge Frau von 1914 / TV-Zweiteiler (Regie: Egon Günther); Meine Stunde Null (Regie: Joachim Hasler); Netzwerk (Regie: Ralf Kirsten). 1971: Husaren in Berlin (Regie: Erwin Stranka); Die Verschworenen /TV-Vier- bzw. Fünfteiler (Regie: Martin Eckermann). 1972: Die gestohlene Schlacht (Regie: Erwin Stranka). 1973: Wie füttert man einen Esel (Regie: Roland Oehme, Titelmusik: Manfred Krug mit Günther Fischer); Stülpner-Legende / TV-Siebenteiler (Regie: Walter Beck); Manfred Krug / Kurz-Dokfilm (Regie: Uwe Belz, Drehbuch: Manfred Krug mit Uwe Belz). 1974: Kit & Co. (Regie: Konrad Petzold). 1976: Daniel Druskat / TV-Fünfteiler (Regie: Lothar Bellag); Feuer unter Deck (Regie: Herrmann Zschoche). 1977: Das Versteck (Regie: Frank Beyer); Abschied vom Frieden / TV-Dreiteiler (Regie: Hans-Joachim Kasprzik). 1978: Auf Achse / TV-Serie, 1. Staffel, 13 Folgen (Regie: Hartmut Griesmayr, Michael Lähn, Bruno Jantoss); Die Faust in der Tasche (Regie: Max Willutzki); Paul kommt zurück / TV-Film (Regie: Peter F. Bringmann). 1979: Phantasten / TV-Film, Zweiteiler (Regie: Peter Beauvais); Live: Manfred Krug / TV-Show (Regie: Rolf von Sydow). 1980: Ein Mann fürs Leben / TV-Film (Regie: Erwin Keusch); Flächenbrand / TV-Film (Regie: Alexander von Eschwege). 1981: Sesamstraße / TV-Kinderserie; Das Traumschiff / TV-Serie, 1. Staffel, 1. Folge (Regie: Fritz Umgelter). 1982: Die Fischer von Moorhövd / TV-Serie, 14 Folgen (Regie: Peter Harlos); Väter / TV-Episodenfilm, Episode 2: Lektionen (Regie: Alfred Vohrer).

»Lauf eines Todes«
Tatort-Nr. 227

»Pleitegeier«
Tatort-Nr. 208

»Gelegenheit macht
Liebe«

Stoever zu Kriminal-
hauptmeister Matthes:
»Möcht's 'n Kaffee?«
Matthes: »Ja.«
Stoever: »Prima, bring
mir einen mit.«

1983: Rendezvous der Damen / TV-Episodenfilm, Episode 1: Eine erstklassige Dame (Regie: Alfred Vohrer); Die Krimistunde / TV-Episodenfilm, Episode 5 (Regie: Hartmut Griesmayr); Das Traumschiff / TV-Serie, Episode: Herz ist Trumpf (Regie: Alfred Vohrer); Wer raucht die letzte? / TV-Film (Regie: Hartmut Griesmayr); Konsul Möllers Erben / TV-Siebenteiler (Regie: Claus Peter Witt); Auf Achse / TV-Serie, 2. Staffel, 13 Folgen (Regie: Hartmut Griesmayr, Werner Masten, Michael Lähn, Bruno Jantoss, Gustavo Graef-Marino, Peter Fratzscher); Jakob und Adele / TV-Serie (Regie: Hans-Jürgen Tögel); Geschichten aus der Heimat / TV-Episoden-Serie, 1. Folge, Episode: Das Silvesterbaby (Regie: Eugen York). 1984: Detektivbüro Roth / TV-Serie, 11 Teile (Regie: Horst Flick u.a.); Joseph Süss Oppenheimer / TV-Film (Regie: Rainer Wolff-hardt); Krumme Touren / TV-Episodenfilm, Episoden: Der Indianer, Der Simulant, Zugvogel, Krumme Touren, Nouvelle Cuisine (Regie: Alfred Vohrer). Ab 1984: TV-Reihe Tatort (einzelne Folgen und Regisseure siehe dort). 1985: Ein Heim für Tiere / TV-Serie, 10 Folgen (Regie: Siegfried Rothemund, Hans-Jürgen Tögel, Kai Borsche); Das Sonntagsgespräch / TV-Interview mit Manfred Krug. 1985/86: Liebling Kreuzberg / TV-Serie, 1. Staffel, 6 Folgen (Regie: Heinz Schirk). 1986/87: Auf Achse / TV-Serie, 3. Staffel, 15 Folgen (Regie: Hartmut Griesmayr, Werner Masten, Michael Lähn, Bruno Jantoss, Gustavo Graef-Marino, Peter Fratzscher). 1987: Liebling Kreuzberg / TV-Serie, 2. Staffel, 13 Folgen (Regie: Heinz Schirk, Werner Masten). 1988: Auf Achse / TV-Serie, 4. Staffel, 15 Folgen (Regie: Werner Masten, Ilse Hofmann, Gustavo Graef-Marino). 1989: Liebling Kreuzberg / TV-Serie, 3. Staffel, 7 Folgen (Regie: Werner Masten). 1990: Rosamunde (Regie: Egon Günther). 1991: Neuner (Regie: Werner Masten). Auf Achse / TV-Serie, 5. Staffel, 12 Folgen (Regie: Werner Masten, Hartmut Griesmayr, Walter Bannert). 1992: Auf Achse / TV-Serie, 6. Staffel, 7 Folgen (Regie: Walter Bannert). 1993: Der Blaue (Regie: Lienhard Wawrzyn); Zwischentöne – Über Manfred Krug / TV-Porträt (Regie: Frank Beyer); Liebling Kreuzberg / TV-Serie, 4. Staffel (Regie: Werner Masten). 1993/94: Wir sind auch nur ein Volk /TV-Achtteiler (Regie: Werner Masten). 1996/97: Liebling Kreuzberg / TV-Serie, 5. Staffel, 18 Folgen (Regie: Vera Loebner).

Charles Brauer

Geboren am 3. Juli 1935 in Berlin als Charles Knetschke. Seine Schauspielerkarriere beginnt bereits 1946, als er in Gerhard Lamprechts Nachkriegsdrama »Irgendwo in Berlin« höchst authentisch und überzeugend den Sohn eines desillusionierten Heimkehrers verkörpert. Diese Hauptrolle und einen sich anschließenden Zwei-Jahres-Vertrag bei der DEFA verdankte der Boxfan einer beim Vorsprechen mitreißend vorgetragenen Boxkampf-Reportage. Bei der DEFA wirkt er noch in zwei weiteren Filmen mit – in Gustav von Wangenheims »Und wieder 48« und in Kurt Maetzigs »Die Buntkarierten«. Als er 1952 für Erik Odes »Kampf der Tertia« vor der Kamera steht, wird – indem er den Mädchennamen seiner Mutter verwendet – aus Charles Knetschke nunmehr Charles Brauer.

1952/53 besucht er die Max-Reinhardt-Schule in Berlin, dann bringt ihn ein Zufall nach Hamburg, wo er 1954 das Glück hat, am (heutigen) Ernst-Deutsch-Theater den Richard in Eugene O'Neills »Oh Wildnis!« zu spielen. 1956 verpflichtet ihn Gustaf Gründgens ans Deutsche Schauspielhaus Hamburg, dem er die folgenden 20 Jahre verbunden bleibt. Von 1976 bis 1983 ist er an den Münchner Kammerspielen und am Bayerischen Staatsschauspiel München engagiert. Dort arbeitet er mit einer Reihe bedeutender Regisseure zusammen, u.a. mit Fritz Kortner, Oscar Fritz Schuh, Karl Paryla, Ernst Wendt, George Tabori, Dieter Dorn, Niels-Peter Rudolph, Gerd Heinz, Thomas Langhoff. Nach 1983 gastiert er an den verschiedensten deutschen Theatern, u.a. 1988–90 an der Staatsoper Stuttgart, wo er in Mozarts »Entführung aus dem Serail« den Bassa Selim spielt, und 1990/91 bei den Salzburger Festspielen in Thomas Langhoffs Inszenierung von Grillparzers »Die Jüdin von Toledo«. 1998/99 ist er mit dem Tourneetheater Landgraf unterwegs und spielt in Brian Friels »Molly Sweeney« den Dr. Rice. Außerdem kann man ihn seit 1997 auch an der Oper in Essen als Professor Higgins in »My Fair Lady« erleben.

Neben seiner umfangreichen Bühnentätigkeit hat Charles Brauer auch kontinuierlich für Film und Fernsehen gearbeitet. Als Sohn der »Familie Schölermann« tritt er bereits in der ersten deutschen Fernsehserie auf, die es auf stolze 111 Folgen bringt. Gleichfalls in einer Sohnesrolle (mit O. E. Hasse und Gisela von Collande als Eltern) erscheint er 1955 in »Alibi« auf der Leinwand – einem Sozial-Krimi, in wel-

78

»Mord hinterm Deich«

Stoever und Brockmöller brechen nachts mit einer Taschenlampe bewaffnet in das Haus von Bauer Holst ein. Plötzlich hört man ein Knacken.
Stoever (leise): »Das Holz arbeitet.«
Brockmöller: »Nimm dir 'n Beispiel.«

»Mord hinterm Deich«
Tatort-Nr. 363

»Tod auf Eis«
Tatort-Nr. 185
Mit Kurt Klopsch als
Nachtportier

»Tod auf Eis«

*Stoever und Brock-
möller sitzen in der
Bar des Hotels, wo der
Mord stattgefunden
hat. Der Nachtportier,
ein älterer, leicht ver-
wirrter Mann, tritt
an sie heran: »Ver-
zeihung, die Herren
von der Polizei?«
Stoever: »Ja!«
Nachtportier: »Mein
Name ist Johannsen.
Ich bin der Nachtpor-
tier, wenn ich nicht
störe.«
Brockmöller: »Was
sind Sie, wenn Sie
stören?«*

chem ein Reporter dazu beiträgt, den Angeklagten (Hardy Krüger) in einem fragwür-
digen Mordprozeß zu rehabilitieren. 1958 schließlich kann er in der Familienkomödie
»Ist Mama nicht fabelhaft?« einen von drei schon erwachsenen Söhnen (mit Gunnar
Möller und Harald Martens als Brüdern) darstellen, die von ihrer besorgten Mutter
(Luise Ullrich) auf den rechten Lebensweg geschubst werden, während sie das eigene Wohl hintansetzt. 20 Jahre später kommt Charles Brauer dann bereits für
Vaterrollen in Betracht: Zunächst – in »Der kostbare Gast« – als »Leihvater«, der
einem jungen Ehepaar anstelle des zeugungsunfähigen Mannes zu Kinderglück ver-
helfen soll. Der Film ist die Abschlußarbeit Dominik Grafs an der Münchner Film-
hochschule; mit ihm als Regisseur wird Brauer in den folgenden Jahren mehrfach
zusammenarbeiten: In »Neonstadt« – einem Episodenfilm über den Alltag und das
Lebensgefühl von Jugendlichen in der Großstadt; im Thriller »Das zweite Gesicht« –
einer atmosphärisch dichten, technisch brillanten Stanley-Kubrick-Hommage; in
»Tiger, Löwe, Panther« – einer erotischen Gegenwartskomödie rund um ein schräges
Frauen-Trio.

1981 ist Brauer an der Seite Heinz Rühmanns in »Der Zug nach Manhattan« zu
sehen; in einer Nebenrolle auch 1986 in Margarethe von Trottas biographischem
Spielfilm »Rosa Luxemburg«. In »Die zwei Gesichter des Januar«, einem psychologi-
schen Thriller nach dem gleichnamigen Roman von Patricia Highsmith, agiert er als
der dubiose Betrüger und Mörder Chester McFarland, an den ein amerikanischer
Student in Griechenland gerät und der zu seinem Komplizen und Feind wird. In Niklaus Schillings Science-Fiction-Streifen »Der Atem«, uraufgeführt 1989 beim Film-
festival in Venedig, verkörpert Charles Brauer eine der Hauptrollen. Ebenso 1997 im
Doku-Drama »Das Phantom von Bonn«, wo er den deutschen Diplomaten Karl M.
Bödinger darstellt.

Brauers »Tatort«-Debüt – 1981 mit seinem Auftritt in »Grenzgänger« – läßt ihn
als Gangsterboß Kessenich gleich Gegenspieler von Horst Schimanski sein. »Zahn
um Zahn« bringt ihn dann ein weiteres Mal im »Tatort« mit Götz George zusammen;
als krimineller Industrieller Grassmann macht er hier Schimmi das Leben schwer. Der
Film, bereits 1983 gedreht, also drei Jahre vor Brauers erstem Einsatz als NDR-Er-
mittler, kommt 1985 in die Kinos und wird als 200. »Tatort« erst im Dezember 1987

im Fernsehen ausgestrahlt. Seit 1986 ist Charles Brauer kongenialer »Tatort«-Partner Manfred Krugs; am Ostermontag jenes Jahres hatten sie ihren ersten gemeinsamen Auftritt in der Folge »Leiche im Keller«. Der markanten und von ihm über all die Zeit hinweg sehr sorgfältig und differenziert gestalteten Figur des Hauptkommissars Peter Brockmöller verdankt Charles Brauer zweifellos – ungeachtet einer ganzen Reihe anderer Serienauftritte – seine nachhaltige Resonanz und Popularität bei einem breiten Publikum.

Mit seiner Frau, der Bühnenbildnerin Lilot Hegi, und dem Sohn Jonas lebt Brauer in einem Dorf nahe Basel. Wie Manfred Krug ist er ein ausgesprochener Jazz-Fan, begeistert vor allem vom Westcoast Jazz der fünfziger Jahre; zu seinen Favoriten zählen Stan Getz, Charlie Parker und immer wieder Oscar Peterson.

Filmographie

1946: Irgendwo in Berlin (Regie: Gerhard Lamprecht). 1948: Und wieder 48 (Regie: Gustav von Wangenheim). 1949: Die Buntkarierten (Regie: Kurt Maetzig).
1952: Kampf der Tertia (Regie: Erik Ode). 1953: Christina (Regie: Dr. Fritz Eichler).
1954–60: Familie Schölermann / TV-Serie (Regie: Ernst Marquart, Ruprecht Essberger). 1955: Reifende Jugend (Regie: Ulrich Erfurth); Alibi (Regie: Alfred Weidenmann). 1958: Ist Mama nicht fabelhaft? (Regie: Peter Beauvais). 1960: Walzer der Toreros / TV-Film (Regie: Peter Beauvais). 1965: Die chinesische Mauer / TV-Film (Regie: Hans Lietzau). 1966: Geibelstraße / TV-Film (Regie: Peter Beauvais).
1971: Die Katze von Paris / TV-Film (Regie: Wolfgang Glück). 1972: Der Stoff, aus dem die Träume sind (Regie: Alfred Vohrer). 1973: Die Verrohung des Franz Blum (Regie: Reinhard Hauff); Ruderclub / TV-Serie (Regie: Dieter Wedel). 1974: 1000 Milliarden / TV-Film (Regie: Dieter Wedel), Keine Zeit für Unruhe (Regie: Peter F. Bringmann). 1976: Generäle / TV-Film (Regie: Franz Peter Wirth); Maria Morzeck / TV-Film (Regie: Horst Flick). 1978: Das Komplott / TV-Film (Regie: Dieter Wedel); Der kostbare Gast (Regie: Dominik Graf). 1979/80: Der Mann, der keine Autos mochte / TV-Serie (Regie: Dieter Wedel). 1980: Familientag / TV-Reihe, Folge 12: 2 Jahre warten (Regie: Dominik Graf); Sierra Madre / TV-Film (Regie: Horst Flick); Das nächtliche Gespräch / TV-Film (Regie: Guy Kubli). 1981: Der Zug nach Manhattan / TV-Film (Regie: Rolf von

Sydow); Neonstadt / 3. Episode: Running Blue (Regie: Dominik Graf); Schlaflose
Tage / TV-Film (Regie: Diethard Klante); Ein Fall für zwei / TV-Serie, Folge: Kratzer im
Lack (Regie: Wolfgang Storch). 1982: Das zweite Gesicht (Regie: Dominik Graf).
1983: Der Fahnder / TV-Serie, Folge 3: Liebe macht blind (Regie: Dominik Graf);
Wodzek (Regie: Oliver Herbrich); Brooklyn / TV-Zweiteiler (Regie: Wolfgang Storch).
1984: Wallenberg / TV-Vierteiler (Regie Lamont Johnson); Jenseits der Morgenröte /

TV-Mehrteiler (Regie: Sigi Rothemund). 1985: Zahn um Zahn (Regie: Hajo Gies);
Die zwei Gesichter des Januar (Regie: Wolfgang Storch); Lily Braun / TV-Film (Regie:
Franz Peter Wirth). 1986: Rosa Luxemburg (Regie: Margarethe von Trotta). 1987:
Peter Strohm / TV-Serie, Folge: Anruf in der Nacht (Regie: Sigi Rothemund); Malwa /
TV-Film (Regie: Guy Kubli). 1988: Derrick / TV-Serie, Folge 169: Die Mordsache Druse
(Regie: Alfred Weidenmann). 1988/89: Airport Düsseldorf / TV-Serie (Regie: Werner
Masten). 1989: Der Atem (Regie: Niklaus Schilling); Affaire Nachtfrost (Regie: Sigi
Rothemund); Untergrund (Regie: Gerd Haag); Tiger, Löwe, Panther (Regie: Dominik

Graf). 1990: Tassilo - Ein Fall für sich / TV-Mehrteiler (Regie: Hajo Gies). 1991: Unser
Lehrer Dr. Specht / TV-Serie (Regie: Werner Masten); Derrick / TV-Serie, Folge 192:
Der Augenblick der Wahrheit (Regie: Alfred Weidenmann). 1992/93: Spurlos / TV, 26
Folgen (Moderation). 1993: Schwarz greift ein / TV-Serie, Folge: Das Geständnis (Re-
gie: Peter Carpentier). 1994: Wolkenstein / TV-Serie (Regie: u.a. Axel de Roche, Peter

Adam, Uwe Frießner); Unser Lehrer Dr. Specht / TV-Serie (Regie: Werner Masten);
Peter Strohm / TV-Serie, Folge: Mann in Weiß (Regie: Diethard Klante). 1995: Hiro-
shima oder Wie man lernte, die Bombe zu lieben (Regie: Elke Jeanrond). 1996: Willi
und die Windzors / TV-Film (Regie: Hape Kerkeling). 1996/97: Frauenarzt Dr. Mertin /
TV-Serie (Regie: Werner Masten). 1997: Das Phantom von Bonn (Regie: Claus Stro-

bel); Hannahs Ragtime (Regie: Iva Svarčova); Katrin ist die Beste / TV-Serie (Regie:
Herrmann Leitner). 1998/99: Samt und Seide / TV-Serie (Regie: Gunter Friedrich).

84 »Mord hinterm Deich«
Tatort-Nr. 363
Mit Gerd Baltus

Quoten

Eine Sehbeteiligung von 89 Prozent: davon können die Sender heutzutage nur noch träumen. Fast 40 Jahre ist es her, als Straßenfeger wie der Durbridge-Krimi »Das Halstuch« (1962) solche traumhaften Ergebnisse erzielten. Am 27. März 1977 sahen sich immerhin 25,05 Millionen Zuschauer die »Tatort«-Folge »Reifezeugnis« an. Damals gab es aber auch nur drei Programme und weniger potentielle Zuschauer. Heute sind die Fernsehstationen froh, wenn sie auf zehn Millionen kommen, was einer Quote von ungefähr 30 Prozent entspricht. Martin Lüttge als Kommissar Flemming brachte es am 25. Oktober 1992 mit »Tod eines Wachmanns« immerhin auf sagenhafte 15 Millionen Zuschauer. 1994 stand Schimanski-Nachfolger Flemming – wie eine Zeitschrift ermittelte – in der Publikumsgunst an zweiter Stelle. Vor ihm rangierten als beliebteste »Tatort«-Ermittler die Kommissare Stoever und Brockmöller. Von Anfang 1993 bis Mitte 1994 hatten die Hamburger bei den durchschnittlichen Einschaltquoten – laut »Gong« vom 14. 9. 1994 – immer die Nase vorn: Stoever/Brockmöller mit 10,8 Prozent, dicht gefolgt von Flemming (10,51), Batic/Leitmayr (9,82), Bienzle (9,56) und Ehrlicher (9,29). Berücksichtigung fand dabei nur, wer mindestens dreimal zum Einsatz ausrückte. Logisch, daß beispielsweise Kommissarin Odenthal alias Ulrike Folkers nicht dabei sein konnte. Sie hatte im Beobachtungszeitraum lediglich einen »Tatort« gedreht.

Auch 1997 war der »Tatort« der ARD-Quotenbringer und damit am Sonntag das erfolgreichste Sendeformat. Wieder standen Stoever/Brockmöller in der Publikumsgunst mit Abstand ganz oben. Ihre drei Folgen belegten in der Top-Ten-Liste die Plätze eins (10,67 Mio. Zuschauer/Quote: 29,3%), drei und vier. Auf Platz zwei – nur knapp geschlagen – die Münchner Batic/Leitmayr (9,62 Mio./ca.29,3%), auf den Plätzen fünf (8,4Mio./ca. 26,5%) und sieben (ca. 6,5 Mio./knapp 26%) Kommissar Brinkmann alias Karl-Heinz von Hassel, auf den Plätzen sechs (9,12 Mio./rund 26%) und acht (knapp 9 Mio./ca. 25,5%) die Neuen aus Köln, Ballauf und Schenk alias Klaus J. Behrendt und Dietmar Bär. Platz neun für die Berliner Kommissare Roiter (Winfried Glatzeder) und Zorowski (Robinson Reichel) (7,8 Mio./ca. 23,6%); Platz zehn für Ulrike Folkerts als Lena Odenthal. Nur rund acht Millionen Zuschauer (ca. 23,3%) hatten ihren Ermittlungen auf einem Kasernenhof zusehen wollen. Zum Vergleich: Die wenigsten Zuschauer – nur ca. 4,5 Millionen, mit Abstand das schlechteste Ergebnis unter den 26 Folgen des Jahres 1997 – interessierten sich für den Berliner »Tatort« »Schlüssel zum Mord«.

Für das Fernsehpublikum in den neuen Bundesländern ist – wie die Programmzeitschrift »Super TV« 1996 ermittelte – Manfred Krugs Stoever der beliebteste Kommissar. Fast jeder vierte der tausend Befragten stimmte für Krug, der damit Horst Tappert (»Derrick«, 19%) und Tobias Moretti (»Kommissar Rex«, 17%) auf die Plätze verwies. Ossi-Bonus? Beileibe nicht. Das eindeutige Votum drückt nur die Sympathie aus, die Krug im Osten immer schon hatte. Peter Sodann als MDR-Kommissar Ehrlicher landete abgeschlagen auf Platz neun mit nur drei Prozent.

Titel	Erstsendung		Zuschauer in Mio.	Marktanteil in %
Experiment	3. Mai	1992	15,70	35,00
Stoevers Fall	5. Juli	1992	16,62	–
Singvogel	23. Mai	1994	9,32	–
Tödliche Freundschaft	21. Mai	1995	8,05	–
Der König kehrt zurück	17. Sept.	1995	7,35	–
Tod auf Neuwerk	24. März	1996	9,48	–
Fetischzauber	5. Mai	1996	9,01	–
Lockvögel	27. Mai	1996	7,68	16,00
Parteifreunde	27. Okt.	1996	9,02	–
Ausgespielt	23. Feb.	1997	9,42	26,90
Mord hinterm Deich	8. Juni	1997	8,64	–
Undercover-Camping	2. Nov.	1997	10,70	29,30
Arme Püppi	10. Mai	1998	7,08	27,00
Schüsse auf der Autobahn	5. Juli	1998	9,46	29,00
Habgier	10. Jan.	1999	10,01	26,30

Ob »Tagesschau«, »Lindenstraße« oder »Lustige Musikanten« – Stoever/Brockmöller schaffen fast alle. Nur gelegentlich werden sie verdrängt von der »Tagesschau«, von Top-Fußballspielen oder Weltmeisterschaftskämpfen im Boxen.

Hier einige Top-Eight-Listen

(ermittelt von Media Control/GfK-TV-Quick)

Quoten vom 27. Mai 1996:

1. Tagesschau (ARD) 9,78 Mio.

2. Tatort »Lockvögel« (ARD) 7,68 Mio.

3. heute (ZDF) 6,76 Mio.

4. Lustige Musikanten (ZDF) 6,56 Mio.

5. Hot Shots 2 – Der 2. Versuch (Pro 7)
   6,48 Mio.

6. Sliver (Pro 7) 4,25 Mio.

7. In einem fernen Land (RTL) 4,19 Mio.

8. RTL aktuell 3,58 Mio.

Quoten vom 27. Oktober 1996:

1. Tatort »Parteifreunde« (ARD)
   9,02 Mio.

2. Tagesschau (ARD) 8,98 Mio.

3. Lindenstraße (ARD) 8,08 Mio.

4. Lustige Musikanten (ZDF) 6,02 Mio.

5. Die Knoff-Hoff-Show (ZDF) 5,91 Mio.

6. heute (ZDF) 5,91 Mio.

7. Tornado (Pro 7) 5,57 Mio.

8. ZDF-Sport-Extra: Tennis 5,28 Mio.

Quoten vom 23. Februar 1997:

1. Tagesschau (ARD) 10,11 Mio.

2. Tatort »Ausgespielt« 9,42 Mio.

3. Lindenstraße (ARD) 7,75 Mio.

4. Lustige Musikanten (ZDF) 5,73 Mio.

5. heute (ZDF) 5,09 Mio.

6. Lukas (ZDF) 5,07 Mio.

7. Die Knoff-Hoff-Show (ZDF) 4,95 Mio.

8. Bonn direkt (ZDF) 4,67 Mio.

Quoten vom 2. November 1997:

1. Tatort »Undercover-Camping« (ARD)
   10,70 Mio.

2. Tagesschau (ARD) 8,52 Mio.

3. Lindenstraße (ARD) 8,09 Mio.

4. Superhitparade (ZDF) 6,64 Mio.

5. heute (ZDF) 5,47 Mio.

6. Der Vulkan bricht aus (RTL) 5,19 Mio.

7. Terra-X (ZDF) 5,14 Mio.

8. Ranissimo (Sat 1) 4,89 Mio.

Quoten vom 5. Juli 1998:

1. Tatort »Schüsse auf der Autobahn«
   (ARD) 9,46 Mio.

2. Tagesschau (ARD) 8,49 Mio.

3. Lindenstraße (ARD) 6,90 Mio.

4. Lustige Musikanten (ZDF) 5,85 Mio.

5. Sabine Christiansen (ARD) 4,41Mio.

6. Nur die Liebe zählt (Sat 1) 4,08 Mio.

7. Fußball-WM: Aus für Deutschland
   (ZDF) 4,03 Mio.

8. heute (ZDF) 3,94 Mio.

»Schüsse auf der
Autobahn«
Tatort-Nr. 389
Mit Kurt Hart

Anhang

Sämtliche Fälle auf einen Blick

1. Haie vor Helgoland

Tatort-Nr. 157

Regie: Hartmut Griesmayr. Produktionsleitung: Günter Handke. Aufnahmeleitung: Peter Mewes, Elke Kuhn. Redaktion: Rüdiger Humpert. Regieassistenz: Cornelia Wecker. Buch: Peter Hemmer. Kamera: Frank A. Banuscher, Rainer Stuhlmacher. Schnitt: Karin Baumhöfner, Marion zu Stolberg. Musik: Joe Dixie. Szenenbild: Joachim Krumpeter, Anne Terselius-Hagegard. Kostüme: Ingeburg Wolff. Maske: Astrid Richter, Helga Wittig. Bildtechnik: Horst Plath. Lichttechnik: Gerhard Schröder. Ton: Horst Faahs.

Darsteller: Edgar Bessen (Kriminalhauptmeister Heinz Nickel), Ferdinand Dux (Hauptkommissar a.D. Lothar Mühlenkamp), Bernd Tauber (Uwe Voss), Ronald Nitschke (Rolf Gerber), Ilse Biberti (Petra Kolb), Hans Hirschmüller (Volker Reinders), Dietrich Mattausch (Karl Lepka), Karl-Heinz Gierke (Alfred Jüssen), Susanne D'Albert (Frau Lepka), Peter Petran (Herr Kröger), Michael Weckler (Herr Johannsen), Werner Cartano (Kapitän), Tomas Kröger (Funker), Martin Borger, Isolde Freitag, Helmut Gentsch, Neithardt Riedel.

Länge: 86 Minuten.

Erstausstrahlung: 23. April 1984.

Die drei vorbestraften Freunde Lepka, Jüssen und Reinders reisen als Touristen nach Helgoland und zwingen auf der Rückfahrt einen Angestellten zum Öffnen des Safes, in dem sich das gesamte Geld, das die Touristen auf der Insel ausgegeben haben, befindet. Vor lauter Freude plaudert Jüssen Hinweise auf Lepkas Identität vor dem Angestellten aus, der daraufhin kaltblütig von Lepka erschossen wird. Die Gangster entkommen mit der Beute. Doch sie wurden beobachtet. Voss, der mit seinem Freund Gerber ebenfalls auf der Fähre war, hatte Gefallen an Reinders' Freundin Petra gefunden, die die Waffen an Bord geschmuggelt hatte, sie beobachtet und fotografiert und war ihr sogar bis nach Hause gefolgt. Als er und Gerber aus den Nachrichten von dem Raubmord erfahren, werden sie hellhörig. Gerber plant, das Trio zu erpressen und versucht, Stoever auszuhorchen. Der durchschaut jedoch den Trick und läßt Gerber beschatten. Vor Petras Haus verliert sich seine Spur, wenige Stunden später wird Gerber tot aufgefunden, ermordet von Lepka. Wegen Lepkas schießwütigem Verhalten kommt es zum Bruch mit Reinders, der sich mit Petra und der Beute absetzen will, jedoch vor Petras Haustür von Stoever verhaftet wird. Bei seiner Überprüfung stößt Stoever auf Lepka, einen Todfeind seines Vorgängers Mühlenkamp, auf den vor Monaten ein Attentat verübt wurde – mit derselben Waffe, mit der auch der Schiffsangestellte ermordet wurde. Stoever entläßt Reinders, der ihn direkt zum Versteck der Beute, dem Hof von

»Haie vor Helgoland«

Petras Onkel Kröger, führt. Dort wird Reinders bereits von Lepka und Jüssen erwartet, die die Beute für sich allein wollen, aber das genaue Versteck nicht kennen. Stoever kann das Gangstertrio verhaften und die Beute sicherstellen.

2. Gelegenheit macht Liebe
Tatort-Nr. 160
Regie: Pete Ariel. Produktionsleitung: Jürgen Böttcher. Aufnahmeleitung: Gerald Goetze, Torsten K. Statz. Redaktion: Dieter Meichsner. Regieassistenz: Michael Zimmer. Buch: Peter Hemmer. Kamera: Eckhard Dorn, Bernd Wilckens. Schnitt: Anja Cox, Nora Leser. Musik: Eberhard Weber. Szenenbild: Georg Mühleisen. Kostüme: Hans-Joachim Kühl. Maske: Helga Wittig. Bildtechnik: Horst Plath. Lichttechnik: Arthur Schlenkrich. Ton: Hans Diestel, Jochen Engelberg.
Darsteller: Rainer Goernemann (Kriminalhauptmeister Bernd Matthes), Günther Maria Halmer (Dr. Franz Rademacher), Claudia Rieschel (Brigitte Schwalb), Uwe Bohm (Gerd Enders), Waldemar Wichlinski (Holger Piwitt), Günther Gellermann (Direktor Seelschopp), Ela Behrends (Silvia Rademacher), Gernot Endemann (Werner Schwalb), Judith Compes (Inge Riedner), Bettina Doerner (Elfi), Gerhard Hartig (Wirt), Heinz Fabian (Taxifahrer), Norbert Goth (Kompaniefeldwebel).
Länge: 88 Minuten.
Erstausstrahlung: 19. August 1984.

Direktionsassistent Dr. Rademacher und Chefsekretärin Brigitte Schwalb, beide verheiratet, sind ineinander verliebt. Als es eines Tages auf einem Parkplatz in Rademachers Wagen zu einer ersten Annäherung kommt,

werden sie von zwei jungen Männern überrascht, dem Arbeitslosen Holger Piwitt und dem Soldaten Gerd Enders. Die beiden haben in der Nähe mit einer von Enders organisierten Bundeswehrpistole Schießübungen veranstaltet. Rademacher muß mitansehen, wie die beiden Freunde mit Brigitte in seinem Wagen davonfahren. Am nächsten Morgen wird der als ›gestohlen‹ gemeldete Wagen entdeckt. In der Nähe liegt Piwitt – erschossen. Die Tatwaffe und ein Besuch in Piwitts Stammkneipe führen Stoever zu Enders, doch der kann bei einer Tatortbesichtigung fliehen. Erst als ein Taxifahrer ihn auf die Spur von Brigitte bringt, durchschaut Stoever die Zusammenhänge. Da Brigitte die Täterin ist oder aber den Täter kennt, versucht er, sie und Rademacher zum Reden zu bringen. Beide schweigen aus Angst um ihren Ruf. Brigitte allerdings vertraut sich nicht einmal Rademacher an, dem sie nachträgt, ihr nicht geholfen zu haben. Auch Enders will Brigitte zu einem Geständnis überreden, wird dabei aber von ihrem eifersüchtigen Ehemann Wer-

»Gelegenheit macht Liebe«
Mit Heinz Fabian und Rainer Goernemann (Mitte)

*Stoever zum Kompa-
niefeldwebel, als er
die Soldaten auf dem
Kasernenhof mar-
schieren sieht: »Macht
Spaß, da draußen so
'n bißchen zuzu-
gucken. Vor allem,
wenn man's selbst
nicht machen muß.«*

ner überrascht und flieht. Werner informiert
Stoever und führt ihn zu Enders' Versteck,
einem Rohbau. Durch sein plötzliches
Erscheinen verhindert Stoever unwissentlich
und im letzten Moment einen Mord, denn
Rademacher wollte Enders, den einzigen
Zeugen des Schäferstündchens, beseitigen.
Enders stirbt dennoch. Als er vor Stoever
flieht, stürzt er vom Dach des Rohbaus. Nun
endlich gesteht Brigitte, daß Enders seinen
Kumpel erschoß, als der sie vergewaltigen
wollte.

3. Irren ist tödlich
Tatort-Nr. 168
Regie: Wolfgang Storch. Produktionsleitung:
Günter Handke. Aufnahmeleitung: Gerd Wol-
pers, Manfred Stab. Redaktion: Matthias
Esche. Regieassistenz: Matti Geschonneck.
Buch: Peter Hemmer. Kamera: Bernd Scho-
feld, Franz Janssen. Schnitt: Bettina Hennigs,
Anja Ratajczak. Musik: Günther Ress.
Szenenbild: Joachim Krumpeter. Kostüme:

»Irren ist tödlich«
Mit Ankie Beilke

Ingeburg Wolff. Maske: Astrid Richter, Christa
Drude. Bildtechnik: Horst Plath. Lichttechnik:
Gerhard Schröder, Horst van Bebber. Ton:
Horst Faahs.
Darsteller: Horst-Michael Neutze (Hauptkom-
missar Herbert Geerke), Rolf Pulch (Kriminal-
hauptmeister Rolf »Bernd« Sievers – Rolf im
Film; Bernd im Abspann), Herbert Trattnigg
(Werner Rentrop), Gertrud Nothhorn (Frau
Rentrop, seine Mutter), Manuela Zeiske
(Christa Viebach), Rainer Schmitt (Benno
Krötz), Michael Roll (Ole Gutzeit), Birgit
Anders (Elvira Thiele), Ankie Beilke (Katzuko
Yamabayaschi), Wolfram Weniger (Eddi
Groth), Jeff van Unen (Erwin Kurbjuweit),
Karl Heinz Walther (Kapitän Lübbers), Ursula
Lubisch (Gerti Lübbers), Ohlof Wohle (Mann
mit Hund), Karl Friedrich Gerster (Dr. Wessen-
dorf), Rainer Luxem (Angestellter im Hafen-
amt), Angela Stresemann (Kellnerin Karla),
Hartmut Kollakowsky (Rolf Zielinski).
Länge: 85 Minuten.
Erstausstrahlung: 14. April 1985.

Erwin Kurbjuweit, Maschinist auf einem
Küstenmotorschiff, ertrinkt im Hamburger
Hafen. Während Stoever noch ermittelt, ob es
ein Unfall oder Mord war, bekommt er
Besuch von seinem Kieler Kollegen Geerke,
der wegen des Todes der jungen Christa Sievers, die am Abend zuvor vom Fahrrad geris-
sen wurde und kurz darauf im Krankenhaus
starb, ermittelt. Der Täter wird auf eben
jenem Kümo vermutet. Stoever ist sicher, daß
Kurbjuweit Christas Mörder kannte und deshalb sterben mußte. Verdächtig sind Kapitän
Lübbers und die Besatzungsmitglieder Eddi
Groth, Ole Gutzeit und Benno Krötz, ein
Frauenheld, der erst nach längerer Suche bei
seiner Freundin Elvira gefunden wird und sich

mit einem falschen Alibi zum Hauptverdächtigen macht. Auch Christas Verlobter Werner Rentrop, der eigens nach Hamburg angereist ist, hat ihn im Visier. Er besorgt sich im Milieu eine Waffe und stellt Krötz, der seine Unschuld beteuert und Gutzeit belastet. Rentrop verschont Krötz und will vom Kümo gehen, als er Stoever kommen sieht und sich versteckt. Stoever weiß um die Lebensgefahr, in der Krötz schwebt und will ihn retten. Krötz schildert ihm Rentrops Besuch und wiederholt seinen Mordvorwurf gegen Gutzeit. Stoever jedoch glaubt ihm nicht und präsentiert eine Jeans, die Krötz gehört. Daran befinden sich Spuren von Fahrradöl. Auch wurden Haare und Schweiß des Täters an der Toten gefunden. Krötz sieht seine Chancenlosigkeit ein und gibt zu, über Christa hergefallen zu sein, weil sie ihn abgewiesen hatte. Rentrop, der das Gespräch belauscht hat, erschießt Krötz und wird von Stoever kampfunfähig geschossen.

4. Leiche im Keller
Tatort-Nr. 179
Regie: Pete Ariel. Produktionsleitung: Oliver Hengst. Aufnahmeleitung: Jürgen Schott, Sabine P. Lippert. Redaktion: Matthias Esche. Regieassistenz: Tilmann Büttner. Buch: Kurt Bartsch. Kamera: Wolfgang Treu, Hartmut Zingel. Schnitt: Anja Cox, Bettina Hennig. Musik: Franz Bartzsch. Szenenbild: Joachim Krumpeter, Brigitte Graaf. Kostüme: Bernd Kloth. Maske: Rolf Baumann, Moshe Rundstein. Ton: Frank Ahrens, Carsten Schumacher.
Darsteller: Holger Mahlich (Herbert Koslowski/Karl Koslowski), Beate Finckh (Angelika Winter), Nicolas Brieger (Charly Strauch),

Traudel Sperber (Suse Brockmöller), Irm Hermann (Frau Klein), Anja Roßmann (Ella Klein), Edgar Hoppe (Willy Baumann), Elli Pirelli (Wirtin), Lutz Reichert (Meyer II), Sabine Steincke, Hartmut Rüting.
Länge: 94 Minuten.
Erstausstrahlung: 31. März 1986

Der Beifahrer und Bewacher Herbert Koslowski raubt seinen eigenen Geldtransporter aus. Seinen Kollegen Willy Baumann läßt er gefesselt und geknebelt im Wagen zurück. Beim Streit um die Beute kommt sein Zwillingsbruder und Komplize Karl ums Leben. Herbert nimmt Karls Identität an, nicht ahnend, daß der ein Doppelleben führte. Karl, ein Fotograf, verkaufte seine jugendlichen Modelle als Prostituierte ins Ausland und wurde von Charly Straub erpreßt. Herbert sieht sich nicht nur bald von Strauch behelligt, sondern auch von Angelika Winter, einem Opfer Karls, das aus dem Bordell fliehen konnte. Beide durchschauen seine Täuschung und versuchen, an ihrem Wissen zu verdienen. Aber auch Stoever und Brockmöller machen Herbert nervös, denn sie müssen den Überfall auf den Transporter klären, der zwei Todesopfer forderte, Karl, den sie für Herbert halten, und Willy, der die Knebelung nicht überlebte. Bei ihren Recherchen entdecken sie, mit welchen kriminellen Methoden Karl sein Geld verdiente und nehmen Herbert, der sich als Karl ausgibt, ins Visier. Herbert bezahlt Strauch mit einem Teil des erbeuteten Geldes, das jedoch registriert ist, so daß Stoever und Brockmöller Strauch für Herberts Komplizen halten. Durch die Anschuldigung wird Strauch klar, daß Herbert Karl ermordet hat und im Besitz der Beute ist. Er entkommt seinen Bewachern und fordert von Herbert das

»Lockvögel«

Neonazi Dehmels zu Brockmöller, als er mangels Beweisen entlassen wird: »Bei uns würde es das nicht geben.« Brockmöller: »Demokratie ist eben anstrengend. Besonders für Polizisten.«

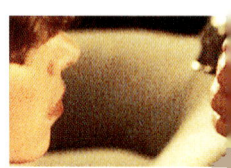

»Leiche im Keller«
Mit Edgar Hoppe und
Holger Mahlich
(rechts)

Darsteller: Lola Müthel (Magda Rhese),
Johanna von Koczian (Helene Hombach), Ull-
rich Haupt (Paul Rhese), Rüdiger Bahr (Huse-
mann), Eva Kryll (Silvia Eichholz), Grazyna
Dylong (Eliza), Wilfried Baasner (Diedrichs),
Eduard Erne (Hilmar Hombach), Peter Maer-
tens (Polizeiarzt), Kurt Klopsch (Nachtportier
Johannsen), Thomas Astan (Adalbert von
Plockwitz), Edgar Bessen (Schlosser), Wolf-
gang Borchert, Hans Joachim Millies, Hans-
Peter Kurr, Tan Chun Mei, Marek Wlodarczyk,
Marion Hilgers, Renate Weyl, Uta Prelle, Diet-
rich Neumann, Hanne-Lore Morell, Miroslav
Glac, Lina Joy.
Länge: 82 Minuten.
Erstausstrahlung: 7. September 1986.

Geld. Herbert lockt ihn in den Keller, nimmt
ihm die belastenden Fotos ab und erschießt
ihn. Erst spät merkt Stoever, daß Herbert die
Identität Karls angenommen hat: die unge-
bräunte Stelle am Handgelenk des Toten
paßt genau zu dem Armreif, den Herbert
trägt. Nun durchschaut er auch die Zusammenhänge. Sofort fährt er mit Brockmöller zu
Herbert und findet ihn im Keller, neben
Strauchs Leiche. Herbert wird verhaftet.

5. Tod auf Eis
Tatort-Nr. 185
Regie: Dietrich Haugk. Produktionsleitung:
Oliver Hengst. Aufnahmeleitung: Jürgen
Schott, Sabine P. Lippert. Redaktion: Matthias
Esche. Regieassistenz: Renate Kuske. Buch:
Wolfgang Graetz. Kamera: Manfred Ensinger,
Jürgen Schoenemann. Schnitt: Susanne Voit,
Gabriele Krützfeldt. Musik: Hermann Thieme.
Szenenbild: Barbara Kloth. Kostüme: Bernd
Kloth. Maske: Rolf Baumann, Moshe Rund-
stein. Ton: Frank Ahrens, Carsten Schuma-
cher. Mischung: Hans Gralke.

Der Hotelier Paul Rhese wird erfroren in seinem Tiefkühlraum aufgefunden. Ein Unbe-
kannter verriegelte die Tür, als Rhese spät
nachts die Vorräte kontrollieren wollte. Die
Temperatur wurde auf Minus dreißig Grad
gedreht. Ein Wollfetzen und Blut am Regal
sind die einzigen Indizien. Die Tomatensoße
mit Fußspuren hat die eifrige Putzfrau bereits
weggewischt, als die Kommissare eintreffen.
Hauptverdächtig ist Rheses hochverschulde-
ter Stiefsohn Adalbert von Plockwitz, der
Rhese zum Verkauf des in Familienbesitz
befindlichen Hotels überreden wollte und
deshalb am Mordabend eine Familienkon-
ferenz einberufen hatte. Die endete im Streit,
denn Rhese wollte nicht verkaufen. Von seinem Tod aber profitieren auch seine von ihm
getrennt lebende Frau Magda und seine
Schwester Helene. Stoever und Brockmöller
entdecken, daß ein Umschlag verschwunden
ist, in denen Rhese wichtige Materialien
gegen seine Familie und das Personal sam-
melte, auch gegen den betrügerischen Haus-

meister Husemann, bei dem sie nicht nur den
Umschlag finden, sondern auch einen zerris-
senen Pullover, zu dem die Fetzen passen.
Magdas Dackel Willi führt Stoever auf eine
weitere wichtige Spur, einen mit Tomatensoße verschmierten Damenschuh. Bei einem
Lokaltermin setzen die Kommissare die Verdächtigen solange unter Druck, bis sie gestehen: Magda sperrte ihren Mann in dem Tiefkühlraum ein, weil er nicht verkaufen wollte.
Husemann drehte den Thermostat herunter
und brach den Schlüssel ab, um sicher zu
sein, daß Rhese erfriert. Danach stahl er den
Umschlag. Er und Magda handelten gemein-
schaftlich, wenn auch ohne Verabredung.

6. Tod im Elefantenhaus
Tatort-Nr. 192
Regie: Bernd Schadewald. Produktionslei-
tung: Rudolf Sander. Aufnahmeleitung: Arno
Maass, Dagmar Pracht, Helmut Cordes, Sigrid
Maus. Redaktion: Matthias Esche. Regieassi-
stenz: Andreas Thiel, Christoph Weinert.
Buch: Sven Freiheit, nach einem Roman von
Peter Weissflog. Kamera: Gerd Thieme, Ran-
dolf Scherraus. Schnitt: Anja Cox, Irene Reg-
ner. Musik: Ingfried Hoffmann. Szenenbild:
Hans-Joachim Krumpeter. Requisite: Holger
Jansen, Dagmar Wernecke. Kostüme: Bea
Hanke. Maske: Joachim Kullmann, Jutta Netz-
band. Bildtechnik: Winfried Staschau. Ton:
Gérard Rueff, Eric Rueff. Mischung: Hans
Gralke.
Darsteller: Raimund Harmstorf (Rolf Berg-
mann), Ben Becker (David Weber), Peter Bon-
gartz (Dr. Heinz Weber), Hannelore Elsner (Dr.
Christine Lohnert), Franz Rudnik (Albert Lier),
Kerstin Draeger (Inga Bergmann), Bruno Dal-
lansky (Walter Pohle), Lutz Reichert (Ober-

meister Meyer II), Evelyn Hamann (Wilma
Happel), Arnold Marquis (Nikolaus Buschhoff), Mareike Lepel (Flora Buschhoff), Manfred Günther (Max Steiner), Fritz May-Sarra-
sani (Musik-Clown).
Länge: 87 Minuten.
Erstausstrahlung: 20. April 1987.

Rolf Bergmann, Tierparkinspektor von Hagenbeck, wird von der Elefantenkuh Mogli zu
Tode getrampelt. Doch es war kein Unfall,
sondern Mord. Der Täter hatte den bewußt-
losen Mann in die Box geschleift und Mogli
mit Schlägen aufgestachelt. Bei den Recherchen im Zoo dringen die Kommissare in
einen Dschungel aus Mißtrauen, Haß und
Wut vor, denn Bergmann war ein Despot, der
seine Mitarbeiter tyrannisierte und es ver-
stand, sich Feinde zu schaffen. Er hatte seinem Tierarzt Dr. Weber die Freundin Christine
ausgespannt und Webers Sohn David eine
intime Freundschaft mit seiner Tochter Inga
verboten. Außerdem hatte er seinen Buchhal-
ter Lier bei der Manipulation der Bücher
erwischt. Die Kommissare entdecken, daß es

»Tod im Elefanten-
haus«
Mit Arnold Marquis

in der Mordnacht zwischen Bergmann und David zu einer Prügelei im Elefantenhaus kam, in deren Verlauf David seinen Widersacher bewußtlos schlug. Doch in die Box will er ihn nicht geschleift haben. Die Kommissare glauben ihm, halten auch Lier und Weber nicht für schuldig. Sie folgen einer Spur, die in Bergmanns wohlgehütete Vergangenheit führt. Bergmann war Trapezkünstler und trat mit den ›Drei Coronas‹ im inzwischen aufgelösten Zirkus Buschhoff auf. Er war verantwortlich für den Sturz seiner Partnerin Flora, der Tochter des Direktors. Die stirbt nun nach langer Krankheit an den Spätfolgen. Anhand eines Fotos, das Brockmöller bei einem Musik-Clown aufstöbert, wird Walter Pohle, Wärter bei Hagenbeck, als letztes Mitglied der ›Drei Coronas‹ identifiziert. Er war Floras Verlobter. Bergmanns Gleichgültigkeit angesichts ihres bevorstehenden Todes hatte ihn zu der unüberlegten Tat getrieben. Stoever und Brockmöller bringen ihn zum Geständnis, indem sie ihm mit Mogli konfrontieren, die sofort auf ihren Mißhandler losgehen will.

7. Voll auf Haß

Tatort-Nr. 198
Regie: Bernd Schadewald. Produktionsleitung: Jürgen Ehlers. Produktionsassistenz: Jan Kremer. Aufnahmeleitung: Thomas Barnisch, Dieter Laveatz, Angelika Rump. Redaktion: Matthias Esche. Regieassistenz: Thomas Meewes, Andreas Thiel. Buch: Peter Schadewald. Kamera: Jochen Rademacher, Charles Fürth. Schnitt: Anja Cox, Monika Schweser. Musik: Ingfried Hoffmann. Szenenbild: Waltraud Mau. Requisite: Hans-Jürgen Reiner, Ute Gothe. Kostüme: Nuscha De

Archer. Maske: Karin Patschke, Sylvia Schillings. Bildtechnik: Horst Plath. Lichttechnik: Karl Fischer. Ton: Frank Ahrens, Carsten Schumacher. Mischung: Hans Gralke.
Darsteller: Djamchid Soheili (Mehmet Bicici), Tayfun Bademsoy (Erdal Bicici), Sabahat Bademsoy (Shirin Bicici), Heike Faber (Dagmar Lobeck), Ulrich Pleitgen (Gerhard Lobeck), Johanna Liebeneiner (Lili Lobeck), Mario Irrek (Kralle), Luc Hoffmann (Leo), Gerhard Olschewski (Martin Fuhrmann), Engin Alcelik (Yüksel), Jan Fedder/Georg Blumensaat (Gangster), Peter Lakenmacher (Manfred Schürmann), Helmut Zierl (Michael Roeder), Lutz Reichert (Meyer II), Jan Aust/Adelbert Tiegelkamp (Beamte), Bernhard Dübe (Mann), Wolfgang Feustel (Wirt), Heinrich Dohmes (Lagerarbeiter), Frank Meyer-Brockmann (V-Mann).
Länge: 84 Minuten.
Erstausstrahlung: 8. November 1987.

Mehmet Bicici richtet für seinen Sohn Erdal eine Verlobungsfeier im eigenen Restaurant aus. Doch ganz glücklich ist er nicht, denn die Braut, Dagmar Lobeck, ist eine Deutsche, und besonders ihr Vater lehnt die Verbindung ab. Mitten in der Feier werden die Gäste von Skinheads überfallen. Zurück bleiben ein verwüstetes Restaurant, zahlreiche Verletzte und ein Toter, Erdal. Die mutmaßlichen Täter werden zwar gefaßt, doch die Zeugen können keinen von ihnen identifizieren. Und der Skinhead, bei dem Dagmar das Wort Hass auf der Hand tätowiert sah, ist nicht dabei. Im Gespräch mit Skinhead Kralle kommt Stoever die Idee, daß die Skinheads benutzt wurden. Doch Roeder von der rechten DAF-Partei, zu der die Skinheads inoffiziell gehören, weiß von nichts. Brockmöller erfährt derweil zufällig von Versuchen, Schutzgelder von Mehmet zu erpressen und stößt auf die Firma Schürmann. Die Spur erweist sich jedoch als Sackgasse, denn es wird deutlich, daß Mehmet nun mit den Erpressern, die er anfangs für die Mörder hielt, zusammenarbeitet. Sie sollen ihm den Mörder seines Sohnes liefern. Die Kommissare durchschauen Mehmets Vorhaben, ein Wettlauf um Leben und Tod beginnt. Bei einem weiteren Besuch in der DAF-Zentrale stoßen sie auf einen Bekannten, Herrn Fuhrmann, den Kollegen und besten Freund Lobecks, der alle Ausländer haßt. Fuhrmann bestreitet eine Beteiligung an dem Überfall, und der wenig später gefundene tätowierte Skinhead Leo entlastet ihn. Schürmanns Leute haben jedoch bereits aus ihm den Namen des Auftraggebers herausgeprügelt, Lobeck. Die Kommissare fahren zum Restaurant und finden Lobeck jammernd am Boden, vor ihm steht Mehmet und bedroht ihn mit einer Waffe. Widerstandslos lassen sich beide verhaften.

8. Spuk aus der Eiszeit

Tatort-Nr. 207
Regie: Stanislav Barabas. Produktionsleitung: Jürgen Ehlers. Produktionsassistenz: Jan-Michael Kremer. Aufnahmeleitung: Bernd Kowalkowski, Dieter Laveatz, Angelika Rump. Redaktion: Matthias Esche. Regieassistenz: Susanne Bartens. Buch: Erich Loest. Kamera: Guenther Wulff, Horst Peters. Schnitt: Barbara Hennings, Olga Murillo. Musik: Edward Aniol. Szenenbild: Waltraud Mau. Requisite: Hans-Jürgen Reiner, Ute Göthe. Kostüme: Nuscha De Archer. Maske: Karin Patschke, Sylvia Schillings. Bildtechnik: Winfried Staschau. Lichttechnik: Karl Fischer. Ton: Frank Ahrens,

Carsten Schumacher. Mischung: Christian Dalchow.
Darsteller: Leo Bardischewski (Hartmut Menkhaus), Siegfried Wischnewski (Peter Kurbis), Wolf-Dietrich Berg (Martin Scholko), Krista Stadler (Astrid Nicolay), Margret Homeyer (Hanna Kurbis), Pia Podgornik (Bettina Frank), Christopher Quest (Falko Kurbis), Angelika Bartsch (Petra Kurbis), Siegfried Kernen (Dr. Halfterbach), Andrea Gowin (Renate Fink), Katharina Schubert (Rita Gammert),

»Spuk aus der Eiszeit« Mit Christoph Quest und Siegfried Wischnewski (rechts)

Stoever: »Kurbis junior hat das Geständnis unterschrieben.«
Brockmöller: »Und wenn er bessere Nerven gehabt hätte?«
Stoever: »Dann hätt' er's morgen unterschrieben.«

Franz-Josef Steffens (Imbißbesitzer), Edgar Bessen (Herr Westphal), Gertrud Nothhorn (Frau Westphal), Wilma Gatzke (Frau Arbrecht), Eva Zlonitzky (Sekretärin), Regina Schulte am Hülse (Frau Dürer), Edgar Maschmann (Herr Krätzer), Sophie Steiner (Mädchen).
Länge: 92 Minuten.
Erstausstrahlung: 10. Juli 1988.

Der alte Hartmut Menkhaus erkennt auf einem Spaziergang den Unbekannten wieder, dem er elf Jahre Bautzen verdankt. 1960 wurde er als kleiner Spion von diesem Mann in die DDR verschleppt, nachdem er von der attraktiven Astrid Nicolay in ihre Wohnung gelockt und betäubt worden war. Nach seiner Rückkehr 1972 verklagte Menkhaus Astrid und Spediteur Kurbis, ihren damaligen Chef und den Drahtzieher der Entführung, bei der der Hofmeister ums Leben kam. Astrid und Kurbis wurden freigesprochen. Menkhaus erzählt nun Astrid von der Begegnung, Astrid informiert Kurbis. Wenig später wird sie ermordet. Kurbis und der Unbekannte, Martin Scholko, verdächtigen sich gegenseitig, denn jeder hatte ein Interesse an dem Lieferschein, auf dem beider Namen steht und den Astrid gestohlen hatte, um Kurbis ab und zu ein wenig zu erpressen. Scholko, der Astrid den Schein kurz vor ihrem Tod abgenommen hat, fordert von Kurbis 100.000 Mark. Stoever und Brockmöller, die von der Erpressung nichts ahnen, halten Menkhaus für Astrids Mörder. Der hat jedoch ein Alibi. Ein nicht abgeholtes Jackett in der Wäscherei, in der Astrid zuletzt arbeitete, führt sie schließlich zu Kurbis' Sohn Falko. Der gesteht, die Tat im Affekt begangen zu haben, um seine Mutter zu schützen. Frau

Kurbis war an der Verschleppung beteiligt gewesen, und Astrid drohte ihr mit einer Anzeige. Auch Scholko wird verhaftet, nachdem er über eine Phantomzeichnung per Zeitung gefunden worden ist, muß aber wieder freilassen werden, da die Verschleppung und der Totschlag an dem Hofmeister verjährt sind. Als Menkhaus dies erfährt und von Scholko verhöhnt wird, erleidet er einen tödlichen Herzanfall. Scholko kommt unbescholten davon, das Ehepaar Kurbis setzt sich nach Spanien ab.

9. Pleitegeier
Tatort-Nr. 208
Regie: Pete Ariel. Produktionsleitung: Rudolf Sander. Aufnahmeleitung: Arno Maass, Wiebke Schiller, Helmut Cordes, Heike Leyding. Redaktion: Matthias Esche. Regieassistenz: Tilmann Büttner, Christoph Weinert. Buch: Bruno Hampel. Kamera: Klaus Eichhammer, Randolf Scherraus. Schnitt: Karin Baumhöfner, Monika Schweser. Musik: Franz Bartzsch. Szenenbild: Jürgen Kötter. Requisite: Holger Jacobsen, Dagmar Wernecke. Kostüme: Bea Hanke. Maske: Joachim Kullmann, Jutta Krollpfeiffer. Bildtechnik: Lothar Müssig. Ton: Gérard Rueff, Eric Rueff. Mischung: Christian Dalchow.
Darsteller: Heidi Kabel (Johanna Krause), Hans-Helmut Dickow (Roland Krause), Dieter Landuris (Harry Krause), Horst Frank (Manfred Kaiser), Eleonore Weisgerber (Maria Moll), Holger Mahlich (Dr. Berger), Ronald Nitschke (Holger Fries), Jürgen Roland (Anton Marek), Lutz Reichert (Meyer II), Rainer Schmitt (Fahnder), Dieter Lehmann, Peter Maertens, Wolfgang Rau, Bettina Harder, Kai Maertens, Horst Hesslein.

Länge: 98 Minuten.
Erstausstrahlung: 7. August 1988.

Elektromeister Roland Krause wird von dem Konkurs-Betrüger Kaiser in den Ruin getrieben und begeht einen als Mord getarnten Selbstmord, damit seine Frau die Lebensversicherung bekommt. Stoever und Brockmöller durchschauen jedoch den Trick, so daß Frau Krause nun mittellos dasteht. Derweil führt Kaiser unangefochten und unberührt von dem Leid, das er angerichtet hat, ein Luxusleben, umsorgt von seiner jungen Frau Maria Moll, beschützt vom Leibwächter Holger Fries und beraten von seinem gerissenen Anwalt Berger. Harry, der 24jährige Sohn der Krauses, findet eine Rechnung, ausgestellt auf Maria Moll, und fordert das Geld ein, wird jedoch von Kaiser gedemütigt und hinausgeworfen. Kurz darauf wird Kaiser ermordet, und Harry gerät unter Tatverdacht. Fries behauptet, ihn neben der Leiche gesehen zu haben. Außerdem wird in Kaisers Hand Harrys Schulterklappe gefunden. Harry beteuert seine Unschuld. Stoever glaubt ihm. Wenig später legt sein Hauptverdächtiger Fries, gedrängt von Maria und Berger, ein Geständnis ab. Fries will im Affekt gehandelt haben, doch Indizien und Ungereimtheiten in seiner Schilderung überzeugen Stoever und Brockmöller, daß Fries seinen Chef eiskalt ermordete, angestiftet von Maria, die er liebt. Einer Eingebung folgend, betreten sie nach der Verhaftung von Fries unangemeldet die Villa und überraschen Maria und Berger in flagranti. Berger, der eigentliche Drahtzieher, der Maria angestiftet hat, um an Kaisers Geld zu kommen, schiebt ihr die Alleinschuld zu, um seine Haut zu retten. Maria, die Berger liebt, muß in diesem Moment erkennen,

daß er sie nur benutzt hat. Stoever und Brockmöller können nicht verhindern, daß sie die Nerven verliert und Berger ersticht.

10. Schmutzarbeit

Tatort-Nr. 216
Regie: Werner Masten. Produktionsleitung: Rudolf Sander. Aufnahmeleitung: Arno Maass, Ingrid Ewald, Helmut Cordes, Sigrid Maus. Redaktion: Matthias Esche. Regieassistenz: Michael Breining, Christoph Weinert. Buch: Ulrich Kressin. Kamera: Klaus Eichhammer, Rainer Lauter. Schnitt: Birgit Levin, Andrea Wischhof. Musik: Stefan Melbinger. Szenenbild: Jürgen Kötter. Requisite: Holger Jacobsen, Dagmar Wernecke. Kostüme: Bea Hanke. Maske: Joachim Kullmann, Jutta Krollpfeiffer. Bildtechnik: Lothar Müssig. Ton: Gérard Rueff, Eric Rueff. Mischung: Christian Dalchow.
Darsteller: Burghart Klaussner (Ulf Thorning), Dietrich Mattausch (Professor Rüdiger Thorning), Diana Körner (Doris Eucken), Lou Castel (Jorek), Wolf-Dietrich Sprenger (Horst Simmath), Irm Hermann (Hilde Simmath), Diether Krebs (Raupach), Lutz Reichert (Meyer II), Rainer Schmitt (Fahnder), Dominique Horwitz (Josef), Angelika Bartsch (Katja Nodorp), Bettina Dörner, Werner Berndt, Gerda Gmelin, Benno Ifland, Frank Straass, Hans-Joachim Mellies.
Länge: 108 Minuten.
Erstausstrahlung: 19. Februar 1989.

Der Pilot Ulf Thorning arbeitet für den Waffenschieber Bast. Als er aussteigen will, läßt Bast einen Sabotageakt auf ihn verüben, bei dem Ulf mit seiner Maschine ins Meer stürzt. Da Ulf als ›Lebensversicherung‹ seinem

»Schmutzarbeit«

Stoever: »Weißt', was wir machen? Wir machen 'ne Razzia!« Brockmöller: »'ne Razzia? ... Aber dann gleich 'ne Razzia, ohne was Konkretes in der Hand zu haben! Willst du dich nicht doch lieber ein bißchen absichern?« Stoever: »Mensch, ich will was in die Hand kriegen! Ich kann mich nicht immer absichern. Ich kann nicht immer anrufen und fragen, darf ich dies und darf ich jenes! Dann hätt' ich gleich Sänger werden können!«

Bruder, einem Physikprofessor in München, alles erzählt hat, setzt Bast den Profi-Killer Jorek auf den Professor an, der auf einer Tagung in der ›Villa im Park‹ in Hamburg weilt. Horst Simmath, Kapitän eines Küsten-motorschiffes und Mitglied der Bande, soll Jorek die Waffe übergeben, erschießt damit jedoch zuvor seine Ex-Geliebte Katja Nodorp, die ihn bis zur Existenzgefährdung erpreßt hat. Stoever und Brockmöller, die den Mord bearbeiten, stoßen schnell auf Simmath, doch der hat sich ein falsches Alibi besorgt und leugnet. Ungefähr zur gleichen Zeit erhält Stoever von Simmaths Frau Hilde ano-nym einen Tip auf das geplante Attentat in der ›Villa im Park‹. Er geht der Sache nach und erzählt den Teilnehmern davon. Doch Thorning vertraut sich ihm nicht an. Jorek versucht derweil, sich als Journalist seinem Opfer zu nähern, fällt dabei aber der auf-merksamen Geschäftsführerin Doris Eucken auf, die Stoever informiert. Stoever läßt Jorek überprüfen und von Meyer II beschatten. Als Jorek dies bemerkt, täuscht er seine Abreise vor. Stoever, der Jorek für harmlos hält, fällt darauf herein. Mit einem Trick lockt Jorek sein Opfer Thorning zu sich ins Hotel und erschießt ihn. Die Waffe läßt er zurück. Durch Meyer II entdeckt Stoever, daß es zwischen Simmath und Jorek eine Verbindung gibt, daß beide Morde mit der gleichen Waffe begangen wurden. Simmath gesteht nun die Tat. Ulf, der den Absturz überlebt hat, legt vor Stoever ein volles Geständnis ab, so daß Bast und seine Bande verhaftet werden kön-nen.

11. Armer Nanosh

Tatort-Nr. 220

Regie: Stanislav Barabas. Herstellungsleitung: Claus Schmitt-Holldack. Aufnahmeleitung: Berhard Liedtke, Helmut Cordes. Redaktion: Matthias Esche. Regieassistenz: Thomas Meeves, Regine Smarsly. Buch: Asta Scheib, Martin Walser. Kamera: Jochen Rademacher, Charles Fürth. Schnitt: Wiebke Köster, Anne Wolters. Musik: Manfred Hübler. Szenenbild: Hans Zillmann. Requisite: Holger Jacobsen, Dagmar Wernecke. Kostüme: Edith Hennig. Maske: Ingrid Ramm, Sylvia Schillings. Ton: Horst Strömer, Carsten Schumacher. Mischung: Hans Gralke.
Darsteller: Juraj Kukura (Nanosh Steinber-ger/Valentin Sander), Renate Krößner (Ragna Juhl), Edgar Selge (Heinrich Frohwein), Klaus Barner (Bleichertz), Lisa Kreuzer (Karin), Immanuel Grossner (Georg), Ulli Lothmanns (Moritz), Janos Gönczöl (Yanko), Dorothea Moritz (Frau Stoll), Hans Häckermann (Trieb), Sabi Dorr/Thomas Schüller (Sinti), Titi-Winter-stein-Quintett (mit den Titeln ›Noto Swing‹, ›Ich liebe die Sonne‹).
Länge: 98 Minuten.
Erstausstrahlung: 9. Juli 1989.

Die attraktive Künstlerin Ragna Juhl wird in ihrem Atelier erstochen. Der Verdacht fällt auf den angesehenen Kaufhausbesitzer Valentin Sander, der eine Affäre mit Ragna hatte und seit dem Mord spurlos verschwun-den ist. Stoever und Brockmöller vermuten, daß er bei sich bei den Sinti versteckt, seinen Leuten, denn Sander heißt eigentlich Nanosh Steinberger, wurde seinerzeit von der Familie Sander vor der Vernichtung durch die Natio-nalsozialisten gerettet und adoptiert. Nun möchte sein leiblicher Onkel Yanko, daß er die Sippe übernimmt und versteckt ihn vor der Polizei. Stoever verhaftet zum Schein Sanders Sohn Georg, der ebenfalls leidenschaftlich in Ragna verliebt war. Sander stellt sich und legt ein Geständnis ab, um Georg zu schützen. Doch Stoever hat inzwischen viel über Sander erfahren und hält ihn für unschuldig, zumal Sander den Tathergang falsch schildert. Jedoch erscheint ihm Prokurist Frohwein höchst verdächtig. Der hatte die Familie Sander erst mit Ragna bekannt gemacht, wohl wissend, daß Ragna mit jedem Mann eine Affäre und Streit beginnt. Außerdem kann Frohwein mittels seines Fernrohrs ihr Atelier beobachten. Als er versehentlich ein Detail der Tat erwähnt, das nur der Mörder kennt, konfrontiert Stoever ihn mit dem Mordvorwurf und dem Motiv: Frohwein hielt es für eine Ungerechtigkeit, daß sein Vater, ein Polizist zur Zeit des Nationalsozialismus, von der polnischen Justiz verurteilt wurde. Er wollte Sander, den Sinti, als Mörder diskreditieren, um das Verhalten des Vaters zu rechtfertigen. Frohwein ermordete Ragna und lenkte den Verdacht auf Sander. Als Stoever und Brockmöller ihn verhaften wollen, springt er vom Dach seines Hauses in den Tod.

12. Lauf eines Todes

Tatort-Nr. 227
Regie: Wolfgang Storch. Produktionsleitung: Rudolf Sander. Aufnahmeleitung: Dieter Ulrich Aselmann, Ulf Brase, Dagmar Geske. Redaktion: Matthias Esche. Regieassistenz: Barbara Beauvais, Beate Breddin. Buch: Lothar Hirschmann. Kamera: Henning Zick, Michael Tötter. Schnitt: Irene Brunhöver, Eva Schnare. Musik: Nils Sustrate. Szenenbild:

Joachim Krumpeter. Requisite: Holger Jacobsen, Michael Möldner. Kostüme: Bea Hanke. Maske: Moshe Rundstein, Jutta Krollpfeifer. Bildtechnik: Winfried Staschau. Ton: Willi Krollpfeifer, Andreas Pitann. Mischung: Hans Gralke.
Darsteller: Joachim Bliese (Herwart Branding), Ursula Heyer (Thea Branding), Marita Marschall (Felicia Branding), Kathrin Schaake (Lydia Wasegger), Christian Brückner (Peter Harbeck), Christiane Carstens (Anita Vossen/Kessler; Vossen im Film; Kessler im Abspann), Bettina Dörner (Polizeibeamtin), Siegfried Kernen (Juwelier Cassano), Hans-Jörg Assmann (Herbert Stührmann), Gerhard Garbers (Holger Gellenberg), Michael Deffert (Jerry Baginski), Boris Tessmann (Jan Wenger), Jan Aust (Karlo Weigelt), Kurt Timm (Dr. Hahn), Tobias Kreiss (Lothar), Horst Schick (Direktor Magnusson), Ulrich Cyran (Walter Rossner), Dieter Schulz, Jürgen Dessau, Ralph Metzger, Christian Stark, Oliver Broumis, Dieter Bach.
Länge: 90 Minuten.
Erstausstrahlung: 21. Januar 1990.

Harry Tischler wird brutal in seiner Wohnung erstochen. Er war homosexuell und betrieb einen Ring für Callboys. Offiziell aber war er seit sieben Jahren Chauffeur von Herwart Branding, dem Staatsrat für Umweltschutz. Branding sagt aus, nichts von Tischlers Doppelleben gewußt zu haben. Stoever und Brockmöller halten Branding nach anfänglichem Mißtrauen für unschuldig und suchen den Mörder im Kreis der Callboys. Doch die von Redakteur Harbeck angeführte Boulevardpresse startet eine Schmutzkampagne gegen Branding, unterstellt ihm Kenntnisse von Tischlers Doppelleben und hat angeblich

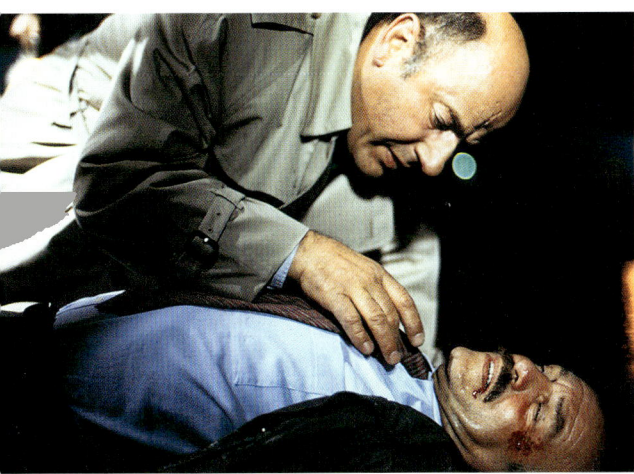

»Lauf eines Todes«

Tatort-Nr. 233

Regie: Pete Ariel. Herstellungsleitung: Claus Schmitt-Holldack. Aufnahmeleitung: Arne Maass, Helmut Cordes. Redaktion: Matthias Esche. Regieassistenz: Barbara Beauvais, Karen Lindemann. Buch: Detlef Müller. Kamera: Claus Deubel, Mieke Fallert. Schnitt: Anja Cox, Angelika Luth. Musik: Frank Langer, Frank Luchs. Titelsong: Keith Merman. Szenenbild: Jochen Krumpeter. Requisite: Heino Steinbach, Hans-Dieter Köppen. Kostüme: Edith Hennig. Maske: Ingrid Ramm, Sylvia Schillings. Bildtechnik: Birgit Lippert. Ton: Horst Strömer, Andreas Pitann. Mischung: Reinhard Levin.

Darsteller: Franz Boehm (Heinz Maurer), Diether Krebs (Karl Wollek), Ronald Nitschke (Horst Kehrmann), Heinz-Werner Kraehkamp (Götsche), Guntbert Warns (Mahlke), Hans Putz (Liebscher), Erich Will (Paul Stecher), Eleonore Weisgerber (Almut Bashani), Thomas Naumann (Frank Hessel), Werner Schwuchow (Techniker), Lutz Reichert (Obermeister Meyer II), Kerstin Gähte (Lisbeth Maurer), Holger Mahlich (BKA-Mann Hainau), Jörg Gillner (BKA-Mann Greininger), Jürgen Janza (Tankwart Dahlberg).
Länge: 88 Minuten.
Erstausstrahlung: 4. August 1990.

103

Informationen über illegale Waffengeschäfte der Gellenberg Electronics, einer Firma, die Branding beim Einstieg in die Politik an seinen Schwiegersohn übergab. Als Branding bei einem mysteriösen Autounfall ums Leben kommt, muß Stoever klären, ob es ein Unfall oder Mord war. Bei seinen Recherchen stellt er fest, daß Branding bei den eigenen Parteifreunden verhaßt war, weil er prinzipientreu und ehrlich und damit unbequem war. Ein Abschiedsbrief an seine Tochter Felicia beweist, daß Branding tatsächlich Selbstmord beging. Er wurde durch die von den sogenannten Freunden lancierte Schmutzkampagne Harbecks in den Tod getrieben. Brockmöller spürt derweil Tischlers letzten Liebhaber Jerry Baginski auf, der sich auf einem alten Baggerschiff versteckt. Als er ihn festnehmen will, kommt es zum Kampf, bei dem beide Männer schwer stürzen und ins Krankenhaus kommen. Jerry liebte Tischler wirklich und konnte es nicht verwinden, daß Tischler die Beziehung abrupt beendete, um ihn zur Prostitution zu zwingen.

Der ahnungslose Ex-Häftling Wollek läßt sich von seinem Kumpel Kehrmann dazu überreden, mit ihm in einem gestohlenen Laster von Hamburg nach Bielefeld und wieder zurück zum Hamburger Hafen zu fahren. Dort werden sie von zwei Männern, den Killern Götsche und Mahlke, erwartet, auf eine einsame Straße umgeleitet, und beschossen. Kehrmann kommt ums Leben, Wollek kann verletzt zu seinem einzigen Vertrauten, Bewährungshelfer Maurer, entkommen. Zur Polizei will er nicht, da ihm die Sicherheitsverwahrung droht. Allem Anschein nach hatte der Laster Atomzünder geladen, die von der Bielefelder Firma Elektro-Optik an die Im- und Exportfirma von Almut Bashani gingen, einer Anwältin, die vom BKA überwacht wird, denn sie wurde vom Vertreter eines islamischen Staates kontaktiert, der eine eigene Atombombe bauen will. Stoever und Brockmöller müssen nicht nur die Zeitzünder finden, sondern auch Wollek, ihren Zeugen, der weiter von den Killern gejagt wird. Auch Liebscher, Auftraggeber der Killer, verlangt von Maurer die Herausgabe Wolleks. Maurer aber will Wollek ins Ausland bringen und versteckt ihn bei einem Klienten, Paul Stecher, bis Liebschers Druck zu groß wird und er das Versteck verrät. Die Killer finden es jedoch leer vor. Paul hat Wollek ins Krankenhaus und damit in Sicherheit gebracht. Wollek identifiziert die Killer und Liebscher, die ebenso wie Almut Bashani verhaftet werden. Almut gesteht, daß Liebscher in ihrem Auftrag das Ablenkungsmanöver, den Überfall auf den Laster, inszeniert hatte. Die Zeitzünder sind längst unterwegs in den islamischen Staat. Dessen Herrscher hatte Almuts Vater in Geiselhaft genommen und gegen die Zünder ausgetauscht.

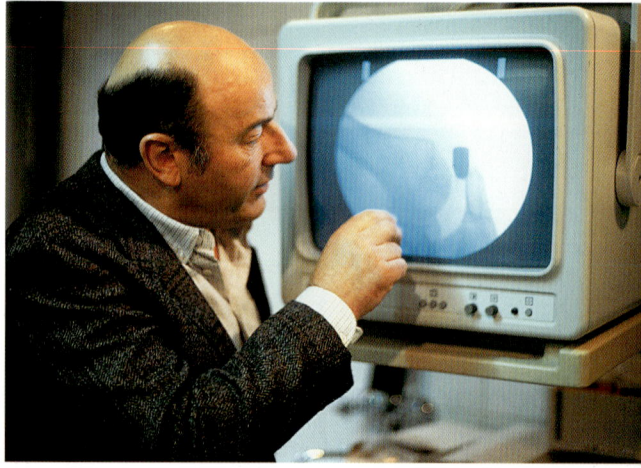

»Zeitzünder«

14. Finale am Rothenbaum
Tatort-Nr. 239
Regie: Dieter Kehler. Produktionsleitung: Rudolf Sander. Aufnahmeleitung: Arno Maass, Ulf Brase, Dagmar Geske. Redaktion: Matthias Esche. Regieassistenz: Patrizia von Gaetani, Karen Lindemann. Buch: Frank Göhre. Kamera: Jochen Rademacher, Charles Fürth. Schnitt: Irene Brunhöver, Eva Schnare. Musik: Gerd Gerdes. Szenenbild: Wolfgang Seesselberg, Gabi Burkert. Requisite: Holger Jacobsen, Dagmar Wernecke. Kostüme: Bea Hanke. Maske: Moshe Rundstein, Jutta Krollpfeifer. Bildtechnik: Winfried Staschau. Ton: Willi Krollpfeifer, Andreas Pitann. Mischung: Hans Gralke.
Darsteller: Konstantin Graudus (Andi), Christina Plate (Bettina), Knut Hinz (Doc), Michel Subor (André), Gilles Gavois (Roland Reynal/Jean), Jean-François Quinque (Poulet), Jürgen Schornagel (Gerber), Manfred Lehmann (Nico Schwalm), Lutz Reichert (Obermeister Meyer II), Rüdiger Wolff (Holger), Kay Sabban (Kalla), Reent Reins (Hannes), Annette Mayer (Bibi), Christa Siems (Erna), Emily Woods (Bankangestellte), Irina Lankowa, Maria Seitz, Erina Prinzessin von Sachsen, Douglas Welbat, Olaf Kreutzenbeck, Hans Irle.
Länge: 99 Minuten.
Erstausstrahlung: 20. Januar 1991.

Roland Reynal, Mitglied der Kokainmafia, wird bei einem Bankraub in Marseille verhaftet. Um an die Hintermänner der Mafia zu gelangen – und da Reynal beharrlich schweigt –, bittet die französische Polizei die Hamburger Kollegen um Amtshilfe, denn Reynal ging bis vor einem Jahr, als er nach einem Mord an einer Prostituierten floh, kriminellen Aktivitäten in der Hansestadt nach. Dort findet gerade die Tennisweltmeisterschaft mit dem deutschen Star Andi statt. Die Mafia läßt ihn aus der Tiefgarage seiner Freundin Bettina entführen und fordert Reynals Freilassung. Während die Franzosen mit Jean einen Doppelgänger Reynals nach Hamburg schicken, suchen Stoever und Brockmöller nach Andi und seinen Entführern, die sie in Reynals Hamburger Kreisen vermuten. Bald geraten sie auf die Spur des Kokainschmugglers Niko Schwalm, der jedoch unauffindbar ist. Ein Hinweis, den Andi während eines kurzen Telefonats Bettina geben kann, und die Tatsache, daß Niko sportlich aktiv ist, bringt Stoever auf das Versteck, ein Sportcenter. Zwar hat die Mafia Andis Freilassung zugesichert, und der Polizeichef hat Zurückhaltung angeordnet, doch Stoever traut den Gang-

stern nicht und dringt mit Brockmöller in das Center ein, verhaftet Niko, läßt von einem Sprengstoffexperten die Bombe in letzter Sekunde entschärfen und befreit Andi. Zur gleichen Zeit gelingt es einem Mafiakiller trotz erheblicher Polizeipräsenz, Jean zu erschießen und nach Frankreich zu entkommen. Die Polizei kann zwar Doc, den zweiten Entführer, noch auf dem Tennisplatz stellen, doch Doc wird von einem übereifrigen Polizisten erschossen. Die französische Polizei verdeutlicht Reynal, daß die Mafia die Verwechslung bemerken und ihren Fehler korrigieren wird.

15. Tod eines Mädchens

Tatort-Nr. 246
Regie: Jürgen Roland. Produktionsleitung: Rudolf Sander. Aufnahmeleitung: Wolfgang Schwarz, Helmut Cordes, Dagmar Geske. Redaktion: Matthias Esche. Regieassistenz: Andreas Grützner, Karen Lindemann. Buch: Horst Bieber. Kamera: Klaus Brix, Sönke Hansen. Schnitt: Anja Cox, Tatjana Schöps. Musik: Michael Gajare. Szenenbild: Hans Zillmann. Requisite: Holger Jacobsen, Dagmar Wernecke. Kostüme: Bea Hanke. Maske: Joachim Kullmann, Ingrid Ramm. Bildtechnik: Winfried Staschau. Licht- und Bühnentechnik: Uwe Knels, Karl Blum. Ton: Horst Stroemer, Joachim Habich. Mischung: Gerd Nicklaus.
Darsteller: Dieter Ohlendiek (Helmut Jahn), Katja Woywood (Silke Rupp), Katja Studt (Ulrike Jahn), Ann Kligge (Frau Adam), Kay Sabban (Freddy Meißen), Lutz Reichert (Obermeister Meyer II), Helmut Zierl (Thomas Bading), Monika Bleibtreu (Eva Jahn), Hans Scheibner (Gastauftritt als Gerichtsmedizi-

»Tod eines Mädchens« Regisseur Jürgen Roland

ner), Henning Schlüter (Bading sen.), Gerd Hartig (Theaterangestellter), Pamela Knaack, Karin Geier, Klaus Dittmann, Hanno Thurau, Hans Kahlert, Werner Cartano, Manfred Liptow, Michael Lott, Patrick Harzig.
Länge: 86 Minuten.
Erstausstrahlung: 4. August 1991.

Auf einem freien Gelände wird die Leiche der Schülerin Silke Rupp gefunden. Die Gerichtsmediziner stellen fest, daß Silke durch einen Stromschlag verunglückte, als sie nach einem Schäferstündchen badete. Ein Feuerzeug führt die Kommissare zu dem Enddreißiger Thomas Bading, Juniorchef der Bading-Werft, der eine Vorliebe für junge Mädchen hat. Als sie ihn verhaften wollen, finden sie ihn erschlagen in seiner Wohnung vor. Da Bading seinen Mörder sehr gut gekannt haben muß, kommen nur Firmen-Assistent Freddy Meißen, mit dem er sich am selben Tag gestritten hatte, seine Cousine Eva und deren Mann Helmut, die ihn beide nicht mochten, in Betracht. Eva verrät versehentlich ein mögliches Motiv: Bading hatte es auch auf ihre Tochter Ulrike abgesehen. Eva und Helmut sahen dies gar nicht gerne. Als sich Eva und Helmut bezüglich Ulrikes Alibi widersprechen und das Mädchen in Verdacht gerät, legt Eva ein falsches Geständnis ab. Ulrike gesteht nun, daß sie sich in Bading verliebt hatte und ihn niederschlug, als sie erfuhr, daß er nicht nur mit ihrer Freundin Silke, sondern auch mit den Lehrmädchen und Eva geschlafen hatte. Sie ließ ihn leblos am Boden liegen und verließ die Wohnung, ohne die Tür zu schließen. Sie hält sich für die Mörderin, hatte Bading aber nur schwer verletzt. Nach ihr kam noch jemand in die Wohnung, der Mörder. Als die Kommissare von Bading senior erfahren, daß

120.000 Mark Firmengelder fehlen, fällt ihr Verdacht auf Meißen. Der gesteht lediglich, beim Wegschaffen der Leiche geholfen zu haben. Den Mord will er aber nicht begangen haben. Brockmöller bringt ihn mit einem Trick dazu, sich selbst und sein Motiv zu verraten: Meißen hatte die Firmengelder unterschlagen und wollte Bading erpressen, ihn zu decken. Als der sich weigerte, fuhr er zu ihm und versetzte ihm den tödlichen Schlag.

16. Blindekuh
Tatort-Nr. 256
Regie: Werner Masten. Herstellungsleitung: Claus Schmitt-Holldack. Aufnahmeleitung: Helmut Lotz, Rolf Grupe. Redaktion: Matthias Esche. Regieassistenz: Dieter Laske, Regine Smarsly. Buch: Ulrich Kressin. Dramaturgie: Dieter Hirschberg. Kamera: Klaus Eichhammer, Peter Steuger. Schnitt: Irene Brunhöver, Alexandra Freisler. Musik: Klaus Doldinger. Szenenbild: Hans Zillmann. Requisite: Volker Bernstein, Dagmar Wernecke. Kostüme: Edith Hennig. Maske: Waltraud März, Klaus Leder. Bildtechnik: Winfried Staschau. Licht- und Bühnentechnik: Klaus Maljann, Gerhard Maahs. Ton: Elisabeth Mondi, Ronald Lichter. Mischung: Hans Gralke.
Darsteller: Joachim Hermann Luger (Jakov Samow), Diether Krebs (Frevert), Lutz Reichert (Obermeister Meyer II), Angelika Thomas (Elena Samow), Isolde Barth (Ruth Frevert), Svensja Beneke (Irene Frevert), Antje Weisgerber (Mutter Frevert), Barbara Fenner (Chris van Reecum), Jerry (Rolf Zacher).
Länge: 92 Minuten.
Erstausstrahlung: 20. April 1992.

»Tod eines Mädchens«
Meyer II (der auf Brockmöller und Stoever gewartet hat): »Ihr habt euch aber Zeit gelassen.« Brockmöller: »Stoever wußte mal wieder 'ne Abkürzung, aber es war ein Umweg.«

Städtische Arbeiter finden die Leiche der sechzehnjährigen Gymnasiastin Irene Frevert. Sie starb an einem Genickbruch infolge eines Sturzes. Irene lebte zu Hause und wurde von ihrem strengen Vater wie ein Kind behandelt. Manchmal jobbte sie als Babysitter bei den Samows. Jakov Samow hatte sie kurz vor ihrem Tod in der Nähe ihres Hauses abgesetzt. Er gibt an, daß ein Radfahrer gesehen habe, wie sie sich verabschiedeten, doch Brockmöller hält ihn für den Täter und den Radfahrer für ein Phantom. Stoever aber glaubt Samow und recherchiert in Irenes Umfeld. Als eine Mitschülerin den Verdacht äußert, Frevert habe Irene sexuell mißbraucht, hat er ein mögliches Motiv, zumal sich herausstellt, daß Irene mit ihrer älteren Schwester Sandra für immer nach Kreta übersiedeln wollte. Vielleicht wollte Frevert verhindern, daß seine über alles geliebte Irene ihn verließ. Ein Fetzen von der Kleidung des Täters führt die Kommissare nicht direkt weiter, aber bei der Suche nach dem Jogginganzug, den Frevert am Mordabend trug, findet Stoever ein Pornovideo von Frevert und Irene. Das erhärtet seinen Verdacht gegen Frevert, beweist jedoch nichts. Als die Radfahrerin gefunden wird und auch noch Samows Aussage bestätigt, stehen die Kommissare wieder am Anfang. Stoever greift zu einem Trick: er informiert Samow von Freverts Verbrechen. Samow beschimpft und bedroht Frevert daraufhin und gesteht, Irene geliebt zu haben. Beide beschuldigen sich nun gegenseitig, und Frevert will Samow erschießen. Stoever kann den Mord gerade noch verhindern. Nun gesteht Samow: Irene hatte ihre Tasche im Wagen vergessen, er trug sie ihr nach und umarmte sie ein letztes Mal. Doch das vom Vater traumatisierte Mädchen schlug wild um

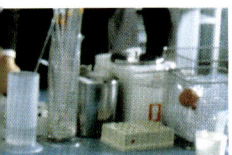

sich, riß sich los und stürzte. Stoever muß den unglücklichen Samow verhaften und Frevert, den moralisch Schuldigen, laufenlassen.

17. Experiment

Tatort-Nr. 257

107

Regie: Werner Masten. Herstellungsleitung: Claus Schmitt-Holldack. Aufnahmeleitung: Helmut Lotz, Rolf Grupe. Redaktion: Matthias Esche. Regieassistenz: Dieter Laske, Regine Smarsly. Buch: Peter Sichrovsky. Dramaturgie: Dieter Hirschberg. Kamera: Klaus Eichhammer, Peter Steuger. Schnitt: Irene Brunhöver, Alexandra Freisler. Musik: Klaus Doldinger. Szenenbild: Hans Zillmann. Requisite: Volker Bernstein, Dagmar Wernecke. Kostüme: Edith Hennig. Maske: Waltraud März, Klaus Leder. Bildtechnik: Winfried Staschau. Licht- und Bühnentechnik: Klaus Maljann, Jens Burmeister. Ton: Elisabeth Mondi, Ronald Lichter. Mischung: Hans Gralke.
Darsteller: Felix von Manteuffel (Dr. Zauner), Margarita Broich (Dr. Schneider), Lutz Reichert (Obermeister Meyer II), Christoph Hofrichter (Norbert Sasse), Christiane Reiff (Schwester Herta/Hertha; im Film: Herta; im Nachspann: Hertha), Ludwig Haas (Professor Wimmer), Dolly Dollar (Bibliothekarin), Wolf-Dietrich Sprenger (Steiner), Gerda Gmelin (Frau Sasse), Eva Brumby (alte Frau), Dieter Hufschmidt (Dr. Werner), Esther Schweizer (Herthas Freundin), Werner Eichhorn, Ernst von Klipstein.
Länge: 103 Minuten.
Erstausstrahlung: 3. Mai 1992.

Krankenschwester Hertha stürzt von ihrem Balkon in den Tod. Der Verdacht fällt auf ihren Ex-Lover, Pfleger Sasse. Der hat jedoch eine andere Blutgruppe und ein Alibi, berichtet aber von unerklärlichen Todesfällen auf der Station und hält Dr. Zauner für Herthas Lover und Mörder. Als er sich rächen will, erschlägt Dr. Zauner ihn und versteckt die Leiche mit Hilfe seiner Kollegin und Geliebten Dr. Schneider im Kühlraum des Krankenhauses. Doch auch Zauner ist nicht der Mörder, wie seine Blutgruppe beweist. Ein Leihschein der Bibliothek, ein Zettel mit einer Notiz und einer Medikamentenformel in Herthas Wohnung sowie eine in einer Bonbontüte versteckte Ampulle sind die einzigen Hinweise. Sie führen Stoever ins Krankenhaus, wo er jedoch auf eine Mauer des Schweigens stößt. Brockmöller schleust sich als Patient ein und spioniert Abteilungschef Professor Wimmer nach, der soeben Beweise für Zauners und Schneiders illegale Medikamentenversuche findet. Schneider überrascht Brockmöller und weist ihn in die Psychiatrie ein, aus der ihn erst Stoever befreien kann. Ein Besuch bei Schneiders ehemaligem Arbeitgeber, einem Pharmakonzern, läßt Stoever die Zusammenhänge durchschauen, und er konfrontiert Schneider mit dem Mord an der Mitwisserin Hertha. Schneider bestreitet den Mord an Hertha, beichtet nun aber Sasses tragischen Tod und den Mordplan gegen Wimmer, den sie mit Zauner geschmiedet hat, weil der ihnen auf die Spur gekommen ist und die Experimente abbrechen will. In letzter Sekunde kann Stoever den Professor, seinen Hauptverdächtigen, retten. Der Leihschein und die Fingerabdrücke beweisen, daß er Herthas Geliebter war. Wimmer erzählt glaubhaft, daß Hertha ihn mit einer Selbstmorddrohung zur Heirat nötigen wollte und dabei von der Brüstung abrutschte.

18. Stoevers Fall

Tatort-Nr. 260

Regie: Jürgen Roland. Herstellungsleitung: Claus Schmitt-Holldack. Aufnahmeleitung: Helmut Lotz, Rolf Grupe. Redaktion: Matthias Esche. Regieassistenz: Regine Smarsly, Vicky Esch. Buch: Willi Voss. Dramaturgie: Dieter Hirschberg. Kamera: Lothar Elias Stickelbrucks, Randolf Scherraus. Schnitt: Dagmar Pohle, Karin Kraemer. Musik: Klaus Doldinger. Szenenbild: Hans Zillmann. Requisite: Volker Bernstein, Dagmar Wernecke. Kostüme: Edith Hennig. Maske: Waltraud März, Klaus Leder. Bildtechnik: Winfried Staschau. Licht- und Bühnentechnik: Klaus Maljann, Jens Burmeister. Ton: Elisabeth Mondi, Ronald Lichter. Mischung: Hans Gralke.

Darsteller: Lutz Reichert (Obermeister Meyer II), Dieter Thomas Heck (Hauptkommissar Lindemann), Walter Plathe (Horstmann), Jale Arikan (Uschi Petzold), Silvana Sansoni (Martina), Hans Häckermann (Kriminaldirektor), Joosten Mindrup (Referent), Jan Peter Heyne (Mitarbeiter), Kay Sabban (Kellner), Jörg Gillner (Geschäftsführer), Holger Mahlich (Hammesfahr), Ingeborg Kanstein (Richterin), Horst Frank (Anwalt), Jürgen Roland (Gastauftritt als Passant), Georg Kremer (Born), Pamela Knaack (Carola Naumann), Jutta Großkinski (Tanja Schneider), Wilfried Blasberg, Jenke von Wilmsdorff.

Länge: 85 Minuten.

Erstausstrahlung: 5. Juli 1992.

Privatdetektiv und Erpresser Berger wird erschossen. Kurz darauf bietet sein Kompagnon Born dem Reporter Horstmann, Stoevers Freund, Akten aus Bergers Archiv zum Kauf an. Bevor es zur Übergabe kommt, wird Born ermordet. Horstmann erklärt Stoever, daß die

schuld, von den Kollegen wird er wegen der Ermittlungen gegen Lindemann als »Nestbeschmutzer« geschnitten, sein Chef will ihn suspendieren. Zwar wird nun Borns Wagen gefunden, aber ohne die Akten. Da kommt Stoever die rettende Idee: Martina muß sie haben. Auch Hammesfahr ist davon überzeugt und will Martina töten. Stoever erschießt ihn, Brockmöller verhaftet den Handlanger. Martina gibt die Akten heraus, woraufhin Lindemann sich erschießt.

»Stoevers Fall«
Mit Walter Plathe
(Mitte)

Akten Beweise für Korruption innerhalb der Polizei enthalten. Stoever vermutet die Akten bei Tanja, Borns Freundin, doch auch sie wird getötet. Er kann den Täter, Emilio Santini, beim Durchsuchen ihrer Wohnung stellen, aber Santinis Staranwalt konstruiert einen Streit unter Liebenden mit anschließendem Selbstmord Tanjas und will Stoever wegen Mißhandlung verklagen.

Stoever ermittelt in der Bar L'Amour, Santinis und Tanjas Arbeitsplatz. Sie gehört der Kiezgröße Hammesfahr, zu dem Hauptkommissar Lindemann enge Kontakte unterhält. Stoever hat Indizien, daß Lindemann ein »Maulwurf« ist und für Hammesfahr arbeitet. Durch dessen Angestellte Martina erfährt er, daß Born der Einbrecher und Mörder Bergers war. Born wollte sich mit Tanja und dem Geld aus dem Verkauf der Akten absetzen. Die naive Tanja informierte Lindemann, kurz darauf verließen Hammesfahr und Santini die Bar. Stoever schlußfolgert richtig, daß sie Born töteten. Hammesfahr lockt Horstmann, bei dem er nach einem falschen Tip die Akten vermutet, in eine Falle und läßt ihn von seinem Handlanger erschießen. Stoever gibt sich die Mit-

19. Amoklauf
Tatort-Nr. 268

Regie: Werner Masten. Produktionsleitung: Dieter Hirschberg. Herstellungsleitung: Claus Schmitt-Holldack. Aufnahmeleitung: Helmut Lotz, Patrick Brandt, Niels-Göran Stitz, Petra Elisabeth Hauss. Redaktion: Matthias Esche. Regieassistenz: Michael Breining, Regine Smarsly. Buch: Dieter Hirschberg; nach einer Vorlage von Asta Scheib. Kamera: Lothar Elias Stickelbrucks, Randolf Scherraus. Schnitt: Dagmar Pohle, Karin Kraemer. Musik: Klaus Doldinger. Szenenbild: Hans Zillmann. Requisite: Volker Bernstein, Andreas Greifsmühlen. Kostüme: Edith Hennig. Maske: Waltraud März, Klaus Leder. Bildtechnik: Winfried Staschau. Ton: Elisabeth Mondi, Ronald Lichter. Mischung: Hans Gralke.

Darsteller: Lutz Reichert (Obermeister Oswald Meyer II), Peter Lohmeyer (Brandner), Werner Tietze (Hattkämper), Hussi Kutlucan (Mesut Baran), Wolf-Dietrich Sprenger (Kriminalbeamter Menzel), Suavi Eren (Nuril), Mohammad Ali Behboudi (Levent Baran), Sevgi Özdamar (Frau Baran), Özlem Götsbulut (Aische), Herbert Weißbach (alter Mann).

Länge: 92 Minuten.
Erstausstrahlung: 3. Januar 1993.

Brandner arbeitet als Schlepper für den Unternehmer Hattkämper. Er schleust kurdische Wirtschaftsflüchtlinge aus Dänemark in die Bundesrepublik Deutschland. Als eines Tages einer der Flüchtlinge auf dem Transport an Herzversagen stirbt, wird er von seinem Komplizen, dem Kurden Mesut, als Mörder beschimpft. Es kommt zu einer Auseinandersetzung, bei der Mesut leicht verletzt wird. Wenig später wird Brandners kleine Tochter entführt. Brandner hält Mesut und dessen Bruder Levent für die Täter. Sie sind die Onkel des Kindes und hatten schon öfter gedroht, Aische in die Heimat zurückzubringen. Da Aische sein ein und alles ist, läuft Brandner Amok und zieht mit einem Gewehr los. Kurz darauf wird Mesut erschossen aufgefunden, der Verdacht fällt auf Brandner. Stoever und Brockmöller quartieren Levent in ein Hotel um, stellen ihn und seine Familie unter Polizeischutz. Doch Brandner gelingt es, Levent ausfindig zu machen und in das Hotel einzudringen. Er tötet Meyer II, nimmt Levent als Geisel, fordert Aische, einen Fluchtwagen und Geld. Stoever konnte inzwischen mit Hilfe seines Kollegen Menzel und Brandners altem Nachbarn die wirklichen Entführer identifizieren, zwei Mitarbeiter vom türkischen Staatsschutz, der die Barans als Kurden seit langem politisch verfolgt. Die Türken wollten Brandner gegen die Barans aufhetzen, haben auch Mesut erschossen. Mit einem Trick bringt Stoever sie dazu, ihn zu Aische zu führen. Er verhaftet die Kidnapper und Mörder und trifft in letzter Minute mit Aische vor dem Hotel ein. Brandner läßt Levent frei, um Aische zu umarmen, die sich

»Amoklauf«

plötzlich losreißt, um ihren Teddy von Brockmöller zu holen. In dem Moment wird Brandner von einem Scharfschützen getötet.

20. Um Haus und Hof

Tatort-Nr. 280

Regie: Werner Masten. Produktion: Richard Schöps. Produktionsleitung: Jens Meyer. Aufnahmeleitung: Kerstin Krömer, Jörg Pawlik. Redaktion: Matthias Esche. Regieassistenz: Christiane Rölli, Regine Smarsly. Buch: Raimund Weber. Dramaturgie: Dieter Hirschberg. Kamera: Dragan Rogulj, Sönke Hansen. Schnitt: Michael Breining. Musik: Klaus Doldinger. Szenenbild: Hans Zillmann, Hartmuth Schwenk, Holger Wohlfarth. Kostüme: Bea Hanke, Gaby Busch, Renate Langer. Maske: Joachim Kullmann, Ingeburg Ritter. Bildtechnik: Winfried Staschau. Ton: Sven Funke, Wolfgang Reme. Mischung: Hans Gralke. Tonschnitt: Eva Schnare, Gaby Lübker. Darsteller: Mark Keller (Polizist Lukas Thorwald), Florian Martens (Uwe Schlüter), Martina Schiesser (Julia), Gerda Gmelin (Frau Schlüter), Rainer Heise (Walter Grambek),

Götz Schubert (Wohlers), Ulrich Faulhaber (Büscher), Jürgen Janza (Pünjer), Edgar Bessen (Treibmann), Franz-J. Steffens, Viktoria Pawlowski, Charlie Rinnesser, Ingo Feder, Volker Bogdan, Maria Bäumer.
Länge: 87 Minuten.
Erstausstrahlung: 26. September 1993.

Im Hafen wird ein totes Mädchen entdeckt, dessen Identität dank der Aufmerksamkeit des Dorfpolizisten Thorwald geklärt wird: Das Mädchen hieß Margret, war fünfzehn Jahre, stammte aus Sachsen und lebte, nachdem die Eltern es verlassen hatten, allein in dem kleinen Dorf bei Hamburg. Dort geht seit einiger Zeit ein Mädchenmörder um. Die Kommissare quartieren sich in dem Dorf ein und ermitteln mit Unterstützung von Thorwald. Hauptverdächtiger ist Walter Grambek, ein Bauer, der Haus und Hof verloren hat. Seine Mutter war Margrets einzige Freundin und starb am selben Tag wie sie, laut Totenschein an Herzversagen. Grambek wird verhaftet, leugnet aber die Tat. Als er versucht,

sich zu erhängen, glaubt Stoever ihm endlich. Grambek erzählt ihm nun von dem gnadenlosen Kampf, der um seinen alten Hof entbrannt ist. Zwar gehört der Hof nun dem Makler und Schlachter Pünjer, aber Grambeks Mutter hatte lebenslanges Wohnrecht. Die »Dorfmafia«, bestehend aus Bauunternehmer Büscher, Bürgermeister und Bankdirektor Treibmann sowie Pünjer, versuchte alles, sie zu vertreiben, um ein Einkaufs- und Dienstleistungscenter auf dem Grund zu bauen. Die von Stoever angeordnete Obduktion ergibt, daß Frau Grambek erwürgt wurde. Offenbar war Margret Zeugin der Tat und mußte deshalb sterben. Tatsächlich kann Thorwald wenig später den Serienmörder Holm verhaften, der alle Mädchenmorde zugibt, nur nicht den an Margret. Zunächst verdächtigt Brockmöller Büschers angehenden Schwiegersohn und Dorfwirt Uwe Schlüter, zumal der von seiner Ex-Freundin Julia belastet wird. Aber eine am Tatort vergessene Zeitung führt ihn auf die Spur von Julias Freund Wohlers. Als der unter Stoevers Druck zugibt, in Pünjers Auftrag gemordet zu haben, können auch die drei »Dorfmafiosi« samt Mitwisser Schlüter verhaftet werden.

21. Ein Wodka zuviel
Tatort-Nr. 288
Regie: Werner Masten. Produktion: Richard Schöps. Produktionsleitung: Jens Meyer. Aufnahmeleitung: Kerstin Krömer, Jörg Pawlik. Redaktion: Matthias Esche. Regieassistenz: Christiane Rölli, Regine Smarsly. Buch: Dieter Hirschberg. Kamera: Klaus Brix, Sönke Hansen. Schnitt: Michael Breining, Ingrid Zess. Musik: Klaus Doldinger. Szenenbild: Hans Zillmann, Hartmut Schwenk, Holger Wohlfahrth.

»Um Haus und Hof«
Mit Mark Keller (links)
und Rainer Heise
(rechts)

Kostüme: Bea Hanke, Gaby Busch, Renate Langer. Maske: Joachim Kullmann, Ingeburg Richter. Bildtechnik: Winfried Staschau. Ton: Werner Langheld, Thomas Meindl. Mischung: Hans Gralke. Tonschnitt: Kim Puls, Ursula Roderjan.

112

Darsteller: Mark Keller (Kriminalobermeister Lukas Thorwald), Ulrich Faulhaber (Obdachloser), Regimantas Adomaitis (Kossov), Gennadi Vengerov (Gurganow), Dietrich Mattausch (Rechtsanwalt Reinhard Schwinger), Jenny Gröllmann (Lea Richter), Wolf-Dietrich Sprenger (Kripobeamter Menzel), Charlie Rinn (Polier), Bernhard Düwe (Martin), Jerzy Milton (Attaché), Wojtyllo (Igor Ragow), Manfred Möck (»Firs«), Joachim Galanos (Mitarbeiter), Jörg Gillner (Einsatzleiter), Jasper Vogt (K-II-Leiter).
Länge: 87 Minuten.
Erstausstrahlung: 6. März 1994.

Auf dem Hafengelände wird die Leiche eines ermordeten Russen gefunden. Ragow arbeitete für die Im- und Exportfirma Petrimex seines Landsmanns Gurganow. Es stellt sich heraus, daß er ein Milizionär aus St. Petersburg war und verdeckt gegen Gurganow ermittelte, der ein reges Schmuggelgeschäft in die G.U.S. betreibt. Auch Stoevers und Brockmöllers Kollege Menzel von der Abteilung Wirtschaftskriminalität überwacht Gurganow schon seit einiger Zeit, kann ihm aber nichts nachweisen. Doch Stoever sucht nicht nur einen Mörder, sondern auch händeringend eine neue Wohnung. Dabei lernt er die Immobilienmaklerin Lea Richter kennen. Sie hilft ihm, weil er ihr gefällt und sie sich Schutz von ihm erhofft. Ihr Freund, Rechtsanwalt Schwinger, ist nämlich Gurganows Partner und hat heimlich einen Koffer mit Geld

beiseite geschafft. Nun droht Gurganow, Lea zu töten, sollte Schwinger das Geld nicht zurückgeben. Eines Morgens nach einer feucht-fröhlichen Party findet Stoever Lea ermordet in seiner Wohnung. Beim Versuch, ihren mutmaßlichen Mörder Gurganow auf eigene Faust zu verhaften, gerät er in die Gewalt des Gangsters. Mit Hilfe von Kossov, Ragows Freund und Kollegen, kann Gurganow überwältigt und verhaftet werden, unter anderem wegen Anstiftung zum Mord. Zwei seiner Mitarbeiter, die von einem Obdachlosen als die Mörder Ragows identifiziert wurden, belasten ihn. Den Mord an Lea hat Gurganow jedoch nicht begangen, wie ein Überwachungsvideo der Polizei beweist. Nur Schwinger kommt als Täter in Frage. Er war eifersüchtig, hatte Angst, Lea würde ihn an Gurganow verraten, und wußte als einziger, daß sie die Nacht bei Stoever verbrachte. Er tötete sie und lenkte den Verdacht auf Gurganow. Stoever überführt und verhaftet Rechtsanwalt Schwinger.

22. Singvogel
Tatort-Nr. 292
Regie: Michael Knof. Produktion: Richard Schöps. Produktionsleitung: Rolf L. Freisler. Aufnahmeleitung: Bernhard Liedtke, Jörg Pawlik, Petra Lattemann. Redaktion: Matthias Esche. Buch: Willi Voss. Dramaturgie: Kerstin Ramcke. Kamera: Klaus Brix, Sönke Hansen. Schnitt: Georgia Holss. Titelmusik: Klaus Doldinger. Musik: Christoph Schambach. Szenenbild: Hans Zillmann, Holger Jacobsen, Schai Sinai. Kostüme: Bea Hanke, Britta Krähe, Imke Walter. Maske: Joachim Kullmann, Ingeburg Richter. Bildtechnik: Winfried Staschau. Ton: Acki Woerler, Max

Meindl. Mischung: Hans Gralke. Tonschnitt: Tatjana Schöps, Stefanie Schröder. Darsteller: Mark Keller (Kriminalobermeister Lukas Thorwald), Elisabeth Schwarz (Lydia Tiefenthal), Rüdiger Vogler (Herbert Tiefenthal), Hans Kremer (Ronny Schneider), Claude-Oliver Rudolph (Rambo Hergeth), Claudia Messner (Jeanette Heuer), Werner Schreiber, Till Kaestner, Klaus Häusler, Günter Junghans, Klaus Piontek, Thomas Neumann, Rolf-Peter Kahl, Florian Lukas, Hans-Dieter Brückner, Kurt Hart, Illa Hedergott, Rudolf Möller, Karl-Friedrich Gerster, Sven Dahlem, Christian Koch, Goran Maric.
Länge: 87 Minuten.
Erstausstrahlung: 23. Mai 1994.

Auf einem Schrottplatz wird die Leiche von Inge Holland entdeckt. Die Suche nach dem Mörder führt die Kommissare in das Gefängnis, in dem ihr Mann wegen Raubes einsitzt. Holland, der das Versteck der Beute nie preisgegeben hat, beschuldigt »Knastkönig« Ronny, der am Mordtag Urlaub hatte und mit allen Mitteln versucht, ihm die Million abzujagen. Bevor Holland den Kommissaren alles über die mafiösen Strukturen im Knast verraten kann, wird er von Ronnys Handlanger Rambo ermordet. Da Stoever die Mauer des Schweigens nicht durchbrechen kann, schleust er den jungen Kollegen Thorwald als Knastbruder ein. Bei der Befragung von Inges Nachbarn und der Überprüfung von Ronnys Alibi entdecken die Kommissare, daß Gefängnisfürsorger Tiefenthal öfter zu Besuch bei Inge war und im Gegensatz zu Ronny kein Alibi hat. Überrascht beobachten sie, daß der so bieder wirkende Familienvater Tiefenthal eine Affäre mit Ronnys Freundin Jeanette hat. Als wenig später Inges Wagen mit einem Koffer voll Sommerkleidung und Geldbanderolen gefunden wird, durchschauen sie die Zusammenhänge: Jeanette, von Ronny beauftragt, begann eine Affäre mit Tiefenthal und überredete ihn, sich an Inge heranzumachen. Tiefenthal jagte Inge das Geld ab und ermordete sie. Stoever wird schlagartig bewußt, daß Thorwald in Lebensgefahr schwebt, denn Tiefenthal kennt Thorwald und hat ihn im Gefängnis gesehen. In letzter Sekunde rettet Stoever Thorwald das Leben und verhaftet Rambo und dessen Leute. Tiefenthal hat inzwischen Jeanette überredet, sich mit ihm und dem Geld abzusetzen. Ronny durchschaut den Plan, tötet Jeanette und stellt Tiefenthal in seiner Wohnung, wo kurz darauf Stoever und Brockmöller eintreffen, die die Mörder verhaften und das Geld sicherstellen.

23. Tod eines Polizisten
Tatort-Nr. 301
Regie: Jürgen Roland. Produktion: Richard Schöps. Produktionsleitung: Rolf L. Freisler. Aufnahmeleitung: Kerstin Krömer, Jens Dybowski. Redaktion: Matthias Esche. Buch: Dieter Hirschberg, Gerd Reinhard. Kamera: Klaus Brix, Oliver Sander. Schnitt: Eva Schnare, Gaby Lübker. Titelmusik: Klaus Doldinger. Musik: Jens Fischer. Szenenbild: Hans Zillmann, Sabine Havelka, Anja Stüvecke. Kostüme: Bea Hanke, Britta Krähe, Imke Walter. Maske: Klaus Baruck, Marlene Eilers. Bildtechnik: Winfried Staschau. Ton: Acki Woerler, Max Meindl. Mischung: Hans Gralke. Darsteller: Mark Keller (Kriminalobermeister Lukas Thorwald), Horst Frank (Lewark), Rolf Becker (Oberstaatsanwalt Maurer), Christel Harthaus (Carola Neumann), Beatrice Richter

(Rechtsanwältin Dr. Martina Dörfel), Lina Wendel (Sabine Kunert), Michael Greiling (Klaus Schuster), Hermann Killmeyer, Till Demtröder, Peter Heinrich, Birgit Daniel, Jürgen Morche, Petra Duda, Jochen Regelin, Eike Gallwitz, Frank Schröder.
Länge: 84 Minuten.
Erstausstrahlung: 1. Januar 1995.

Der junge Streifenpolizist Witt wird nachts mit einem fingierten Notruf zu dem alten Luftschutzbunker hinter dem Dom gelockt und im Streifenwagen erschossen. Verdächtig ist der Ex-Brokdorf-Aktivist Hans Frisch, genannt Hasso, der am Tatort gesehen wurde und aus Angst floh. Stoever und Brockmöller glauben, Hasso habe es eigentlich auf Witts Kollegen abgesehen, den brutalen Schuster. In der Hoffnung, der Mörder werde sich bei ihr melden, um zu beichten, lassen sie das Telefon von Witts Verlobter Sabine abhören. Im Zuge ihrer Ermittlungen machen die Kommissare jedoch eine brisante Entdeckung, die vermuten läßt, daß der Mörder in den eigenen Reihen zu suchen ist: Witt hatte herausgefunden, daß Schuster sich von Bordellbesitzer Zinker bestechen ließ und eine Liaison mit der Prostituierten Carola hatte. Sie verdächtigen Schuster des Mordes und Zinker der Anstiftung. Stoever spürt Hasso, seinen einzigen Tatzeugen auf. Der hat zwar nichts beobachtet, wird nun aber von dem voreiligen Oberstaatsanwalt Maurer verhaftet. Gegen Anordnung Maurers ermitteln Stoever und Brockmöller weiter gegen Schuster und können ihm die Bestechung nachweisen, nicht jedoch den Mord. Sie sind in einer Sackgasse angelangt, als sich tatsächlich der Mörder bei Sabine meldet und reuevoll beichtet, er habe den falschen Mann er-

schossen, werde den Fehler jetzt aber korrigieren. Stoever erkennt die Stimme wieder. Sie gehört Lewark, Zinkers Mitarbeiter. Als Stoever zufällig erfährt, daß Carola mit Lewark verheiratet war, wird ihm klar, daß der den Mord aus Eifersucht beging. Im letzten Moment kann er verhindern, daß Lewark Schuster erschießt. Lewark flieht und wird bei einer Schießerei mit der Polizei getötet.

»Tod eines Polizisten«

24. Tödliche Freundschaft
Tatort-Nr. 310
Regie: Herrmann Zschoche. Produktion: Richard Schöps, Kerstin Ramcke. Produktionsleitung: Ralf Retzlaff. Aufnahmeleitung: Ingrid Holzapfel, Joerg Pawlik, Michaela Bury. Redaktion: Matthias Esche, Doris J. Heinze. Regieassistenz: Carmine Melone. Buch: Raimund Weber. Kamera: Klaus Brix, Sönke Hansen. Schnitt: Dagmar Pohle. Musik: Klaus Doldinger. Szenenbild: Hans Zillmann, Beate Brockmann, Schai Sinai, Peter R. Schwab. Kostüme: Bea Hanke, Britta Krähe, Imke Wal-

»Tod eines Polizisten«

Stoever zu Brockmöller: »Wenn 'n Irrer 'nen Polizisten erschießt, ist er ein armes Schwein. Wenn ein Polizist 'n Killer erschießt, ist er ein Schwein. Warum hat uns keiner lieb? Hast du mich lieb?« Brockmöller (lächelt und lehnt sich an ihn): »Ja, Paul, ich hab' dich lieb.«

ter. Maske: Joachim Kullmann, Ingeburg Ritter. Bildtechnik: Walter Johst. Ton: Acki Woerler, Max Meindl. Mischung: Hans Gralke. Tonschnitt: Karin Kraemer.
Darsteller: Gerd Baltus (Dr. Beuck), Udo Schenk (Dr. Dieter Frank), Dorothea Kaiser (Dr. Doris Doll), Gisela Trowe (Frau Kronberg), Wolfgang Winkler (Hausmeister Range), Gert Haucke (Tierarzt Dr. Nowak), Thomas Naumann (Jochen Kronberg), Lina Wendel (Ingrid Scharrer), Anke Sevenich (Jeannine Kronberg), Vera Lohr, Günter Kütemeyer, Holger Mahlich, Dieter Ohlendiek, Karl-Friedrich Gerster, Wolfgang Kaven.
Länge: 83 Minuten.
Erstausstrahlung: 21. Mai 1995.

Der Gentechniker Jochen Kronberg wird erstochen in einer Bunkerruine aufgefunden. Von Jochens steinreicher Mutter, die in einem Luxusaltenheim auf dem Land lebt, erfahren die Kommissare, daß er mit Pflegerin Ingrid liiert war, die ein Kind von ihm erwartet. Bevor die Kommissare noch mit Ingrid sprechen können, wird sie überfahren und stirbt wenig später im Krankenhaus. Stoever und Brockmöller glauben nicht an einen Zufall. Bei ihren Recherchen entdecken sie, daß Frau Kronberg von einer betrügerischen Investmentfirma um ihr Vermögen gebracht wurde. Jochen hatte dies herausgefunden und Altenheim-Buchhalter und Vermittler Lohmeyer zur Rede gestellt. Stoever verhaftet Lohmeyer wegen Betruges, den Mord traut er ihm nicht zu. Als die Kommissare erfahren, daß vor kurzem Ingrids Kollegin Else wegen Mißbildung ihres Embryos Selbstmord beging und daß Ingrids Embryo die gleichen Schäden aufwies, recherchieren sie in der Vergangenheit von Jochen, dem vermeintlichen Vater

beider Kinder. Sie entdecken, daß er mit seinem Freund Dr. Frank an einem Wachstumshormon arbeitete, aber plötzlich ausstieg und Frank die Freundschaft kündigte. Frank arbeitet nun für den Schweinebaron und Tierarzneihersteller Hausmann, der, wie die Kommissare durch einen Tip von Ingrids Vater erfahren, mit dem Hormon vier »Turboschweine« hergestellt hatte. Das Fleisch gab er dem korrupten Altenheimleiter Dr. Brauck, der die Bewohner und die Angestellten, darunter Else und Ingrid, als Versuchskaninchen mißbrauchte. Weil Jochen und Ingrid das herausfanden, wurden sie ermordet. Stoever lockt Ingrids Mörder Brauck in eine Falle und verhaftet ihn. Frank, der ihn anstiftete und auch Jochen ermordete, wird ebenfalls gestellt – im Güllesilo.

25. Der König kehrt zurück
Tatort-Nr. 318
Regie: Michael Gutmann. Produktion: Richard Schöps, Kerstin Ramcke. Produktionsleitung: Mona Ramsthaler. Aufnahmeleitung: Dietmar Fischer, Jens Dybowski, Claudia Hentschel, Roswitha Stüvecke.
Redaktion: Doris J. Heinze. Regieassistenz: Désirée von Trotha. Buch: Felix Mitterer, Michael Gutmann. Kamera: Johannes Geyer, Martin Lorenz. Schnitt: Annemarie Bremer. Musik: Rainer Michel. Szenenbild: Bergith Geyer. Requisite: Hartmuth Schwenk, Otto Kieckbusch. Kostüme: Ulrike Burmester. Maske: Ingeborg Menschik, Klaus Baruck. Bildtechnik: Marion Haupt. Ton: Sven Funke, Matthias Wolf. Mischung: Hans Gralke.
Darsteller: Gottfried John (Harry Mucher), Angelika Bartsch (Kirsten Fassbeck), Benedikt Volkmer (Jan Fassbeck), Wilfried Dziallas

(Richard ›Ricci‹ Tomsick), Jörg Pleva (Wolfgang Braun), Ralf Richter (Ulli Krüger), Lambert Hamel (Jochen Rakuscha), Doris Kunstmann (Hannelore Rakuscha), Sunga Weineck, Hans P. Bremken, Steffen Häuser, René Lasartesse, Andrea Klessen, F. Nicaise Allagbe, Gerhard Ammer.
Länge: 84 Minuten.
Erstausstrahlung: 28. August 1995.

Nach langjähriger Haft bricht der ehemalige Kiez-König Harry Mucher aus dem Gefängnis aus und taucht bei seinem alten Kumpel Ricci unter. Mucher ist schwerkrank und will sich seinen Anteil an den Juwelen, die er seinerzeit mit Ricci, Braun und Rakuscha erbeutete, holen. Ricci und Rakuscha entkamen damals, Mucher erhielt wegen Mordes an der Polizistin Verena Becker, Brockmöllers Freundin, eine lange Haftstrafe, Braun fünf Jahre. Da nur Rakuscha es zu Reichtum gebracht hat, vermutet Mucher die Diamanten bei ihm. Rakuscha jedoch setzt seinen Killer Krüger auf Mucher an. Als der versehentlich Braun erschießt, gerät Mucher unter Verdacht. Seine Spur führt Stoever und Brockmöller zu dessen sechzehnjährigem Sohn Jan, der seinen Vater bewundert und Krüger, den brutalen Zuhälter seiner Mutter Kirsten, haßt. Um die Mutter von Krüger zu befreien, arrangiert der ahnungslose Jan ein Treffen zwischen seinem Vater und Krüger, der die Chance nutzen will, um Mucher zu töten. Jan, der das Treffen beobachtet, erschießt Krüger und kann fliehen. Mucher wird am Tatort verhaftet und am nächsten Tag von Jan und Kirsten mit Waffengewalt aus dem Polizeigewahrsam befreit. Die Kommissare erfahren durch Ricci von Muchers Plan, und es gelingt ihnen, eine Tragödie im Hause Rakuscha abzuwenden

und Mucher, Kirsten, Jan und Rakuscha unversehrt zu verhaften. Stoever weiß längst, daß Ricci die Beute hat, denn er hatte bei ihm eine billige Taschenuhr mit einem Diamanten aus der Beute entdeckt. Mit einem Trick überlistet er ihn: Er behauptet, Mucher sei tot und Rakuscha lebensgefährlich verletzt. Ricci holt daraufhin die Beute aus dem Versteck, um sich abzusetzen, und läuft Stoever und Brockmöller direkt in die Arme.

26. Tod auf Neuwerk
Tatort-Nr. 328
Regie: Helmut Förnbacher. Produktion: Richard Schöps, Kerstin Ramcke. Produktionsleitung: Hans-Christian Hess. Aufnahmeleitung: Bernhard Liedtke, Joerg Pawlik, Jeffrey Budd. Redaktion: Doris J. Heinze. Regieassistenz: Ulla Weichlein. Buch: Raimund Weber. Kamera: Heinz Hölscher, Ludwig Mayer. Schnitt: Wiebke Koester. Musik: Klaus Doldinger. Szenenbild: Hans Zillmann. Requisite: Holger Jacobsen, Dieter Mischke. Kostüme:

»Der König kehrt zurück«

Stoever und Brockmöller beschatten den entflohenen Mucher und verlieren ihn. Stoever: »Man kann nur noch zu Fuß durch die Stadt – oder auf dem Fahrrad. Aber soviel Todesverachtung hab' ich nicht.«

»Tod auf Neuwerk«

Claudia Koletzko. Maske: Heiko Wengler-Rust, Ingeburg Ritter. Bildtechnik: Winfried Staschau. Ton: Horst Stroemer, Edgar Nottorf. Mischung: Jürgen P.P. Meissner.
Darsteller: Bernd Herzsprung (Freimut Drost), Michael Lesch (Sven Bolten), Paul Berndt (Fritz Helm), Ulrich Faulhaber (Hans Vogt), Peter Buchholz (Kai Helm), Karen Friesicke (Annegret Schwarz), Elmar Gehlen (Volker Butt), Manfred Reddemann (Leo Möller), Helmut Förnbacher (Jochen Knoll), Werner Eichhorn, Karl-Heinz Walther, Michael Griem, Bernd Spahlinger, Sebastian Dunkelberg, H.P. Wurst, Werner Cartano, Joosten Mindrup, Regine Lamster, Hans Irle.
Länge: 88 Minuten.
Erstausstrahlung: 24. März 1996.

Der leitende Hamburger Schiffahrtsdirektor Freimut Drost wird ertränkt im Watt auf der Insel Neuwerk gefunden. Während Brockmöller in Hamburg recherchiert, quartiert sich Stoever im Inselgasthof ein und entdeckt, daß Drost nicht wie behauptet Vögel beobachtete, sondern den Kutter Xylia, der vor der großen Schiffahrtsrinne wartet. Eigentümer der Xylia ist der Tauchschulbesitzer Knoll, ein alter Freund von Drost. Stoevers Vermutung, daß Knoll Rauschgift von vorbeifahrenden Frachtern aufnimmt, erweist sich als falsch, aber bei der Durchsuchung fällt auf, daß die Xylia ungewöhnlich modern ausgerüstet ist. Derweil recherchiert Brockmöller, daß Drost sich bestechen ließ und sein bester Freund Jonas Schomer vor einiger Zeit mit seiner Yacht spurlos verschwand, nachdem er auf einen Schlag seine immensen Schulden bezahlt hatte. Zur Zeit seines Verschwindens wurde eine Explosion vor Neuwerk beobachtet. Anscheinend ging Jonas mit seiner Yacht unter, und Drost benutzte die Bestechungsgelder dafür, nach ihm und 3,5 Millionen Mark Schwarzgeld zu suchen, die Jonas an Bord hatte und die von Friedrich Bolten stammten. Angeblich handelte es sich um den Restbetrag aus dem Verkauf von Bauland. Doch Stoever und Brockmöller sind sicher, daß es Drost um mehr als das Geld und die Bergung des Freundes ging. Sie behalten recht, denn als das Wrack endlich gefunden wird, zeigt sich, daß Jonas ermordet wurde, und zwar von dem gleichen Mann wie Drost, von Friedrich Boltens Sohn Sven. Als Sven verhaftet wird, gesteht Vater Schomer, daß er das Grundstück als wilde Giftmülldeponie benutzt hatte, bevor er es an die Boltens verkaufte. Als die Boltens eine Luxussiedlung dort bauen wollten, erpreßte Jonas sie mit seinem Wissen um das Gift.

27. Fetischzauber

Tatort-Nr. 331

Regie: Thorsten Näter. Produktion: Richard Schöps, Kerstin Ramcke. Produktionsleitung: Hans-Christian Hess. Aufnahmeleitung: Susanne Hoenisch, Jeffrey Budd, Andreas Liedtke. Redaktion: Doris J. Heinze. Regieassistenz: Stefan Mohrbutter. Buch: Thorsten Näter; nach einer Idee von Nicole Schürmann. Script: Natalie Lichtenthäler. Kamera: Dragan Rogulj, Axel Fischer. Schnitt: Irmgard Hintze. Choreographie: Angelina Akpovo. Szenenbild: Maximilian Johannsmann. Requisite: Klaus Wecker, Hans-Peter Schirmeier. Kostüme: Bea Gossmann. Maske: Heiko Wengler-Rust, Mary Bauhaus. Bildtechnik: Ralf Patzig. Ton: Andreas Pitann, Andreas Kluge. Mischung: Helmuth Deschke. Darsteller: Kurt Hart (Kriminalpolizist Stefan Struve), Chantal de Freitas (Celine Martial), Derval de Faria (Gracieux Bisainthe), Elisabeth Schwarz (Marianne Mewes), Rolf Becker (Oberstaatsanwalt), Udo Schenk (Jensen), Oliver Betke (Robert Samland), Benjamin Sadler (Gerd Mewes), Jürgen Janza (Lager-

verwalter), Jörg Gillner, Steffen Häuser, Isabella Grothe.

Länge: 88 Minuten.

Erstausstrahlung: 5. Mai 1996.

Im Afro-amerikanischen Kulturzentrum wird der Haitaner Raoul erstochen, der Sicherheitchef von Geschäftsmann Mewes, der kurz zuvor erhängt aufgefunden wurde. Stoever vermutet einen Zusammenhang und glaubt, daß Mewes ermordet wurde und Raoul als Zeuge sterben mußte. Seine Hauptverdächtigen sind Ehefrau Marianne und Sohn Gerd, die beide profitieren, vor allem Gerd, der die Firma auf Haiti erbt. Als im Tempel des Kulturzentrums eine Voodoo-Puppe von Mewes entdeckt wird, gerät Brockmöller in den Bann der Voodoo-Religion und der hübschen Priesterin Celine, die auch Haushälterin bei den Mewes' ist. Stoever glaubt nicht an »Fernmorde« und beschattet ganz konventionell Gerd. Der kommt bei einem als Autounfall getarnten Mord ums Leben. Als Verdächtiger rückt Geschäftsführer Jensen nach, der eine Affäre mit Marianne hat und nun beides bekommt: Marianne und die Firma. Als Brockmöller eine Voodoo-Puppe zugespielt wird, bricht er zusammen. Stoever ist außer sich, läßt den Voodoo-Tempel räumen und setzt Celine unter Druck, die nun gesteht, Mewes' Tochter zu sein. Brockmöller, durch den Krankenhausaufenthalt auf eine Idee gebracht, entdeckt, daß Mewes HIV-positiv war. Stoever findet Fotos, die beweisen, daß Mewes tatsächlich Selbstmord beging und daß Jensen Gerds Wagen manipulierte. Jensen wollte verhindern, daß Gerd die Firma, die Waffen an Drittweltländer verkauft, auflöste. Stoever verhaftet Jensen und auch den Fotografen Robert, einen ver-

118

»Fetischzauber«

Stoever zum Oberstaatsanwalt: »Ärger ist was Schönes. Viele wären froh, wenn sie welchen hätten.« Zum Leiter des Kulturzentrums: »Widersprüche sind was Schönes. Manche Leute wären froh, wenn sie Widersprüche hätten.«

wirrten jungen Mann, der in Celine verliebt ist. Aus Eifersucht ermordete er Raoul, spielte Brockmöller die Puppe zu und fertigte die Puppe für Mewes an, den er für Celines Liebhaber hielt. Brockmöllers Kollaps war lediglich Folge von Hysterie, falscher Diät und einer verschleppten Hepatitis.

28. Lockvögel

Tatort-Nr. 334

Regie: Jörg Grünler. Produktion: Richard Schöps, Kerstin Ramcke. Produktionsleitung: Hans-Christian Hess. Aufnahmeleitung: Susanne Hoenisch, Jeffrey Budd, Jennifer Voss. Redaktion: Doris J. Heinze. Regieassistenz: Paul Gray. Buch: Jörg Grünler. Kamera: Daniel Koppelmann. Kamera-Assistenz: Andreas Löv. Schnitt: Claudia Wontorra. Musik: Klaus Doldinger. Szenenbild: Dietmar Linke. Requisite: Sabine Havelka, Dagmar Steinhoff. Kostüme: Astrid Schoepplenberg. Maske: Heiko Wengler-Rust, Mary Bauhaus. Bildtechnik: Winfried Staschau. Ton: Frank Ahrens, Detlef Fiebig. Mischung: Helmuth Deschka.

Darsteller: Dirk Martens (Hauptkommissar Gerd Eifels), Rudolf Kowalski (Peter Kaiser), Robert Victor Minnich (Olaf Dehmels), Kurt Hart (Kriminalpolizist Stefan Struve), Rolf Becker (Oberstaatsanwalt), Marek Wlodarczyk (Haschimi), Ünal Gümüs (Yüksel Agban), Sheri Hagen (Regina Mühlmann), Birol Venel (Gürkan Agban), Florian Haiden (Leon), Jochen Marcus (Hannes), Sören Hunold, Erik Fiebiger, Nursen Selbus.

Länge: 89 Minuten.

Erstausstrahlung: 27. Mai 1996.

Vor einiger Zeit kam der Türke Cem Agban bei einem Brandanschlag ums Leben. Stoever ließ Hauptkommissar Gerd Eifels verdeckt ermitteln, der stieß auf den Judoclub Kaiser, einen Neonazi-Treff. Als Cems Bruder Yüksel ihm nun den Namen von Cems Mörder nennen will, fährt er zu ihm in dessen Lokal. Dort sieht er sich mit einem bewaffneten Mann konfrontiert und erschießt ihn. Der Tote ist jedoch Yüksel. Unbekannte haben ihn geknebelt, die Arme mit einer Schiene fixiert und eine Plastikpistole an die Hände geklebt. Der unter Schock stehende Eifels kommt unter Sicherheitsverwahrung ins Krankenhaus. Stoever und Brockmöller suchen nach den Drahtziehern der Falle. Die Spur führt sie zu der mit den Agbans verfeindeten Kurdenfamilie Haschimi, doch Stoever erkennt sofort, daß die Hinweise gezielt gesetzt wurden von den wahren Tätern, die er im Kreis um Kaiser vermutet. Brockmöller findet bald einen Hinweis im Internet, daß der Neonazi Tristan Eifels enttarnte. Allerdings kann er Eifels nicht mehr nach der Identität Tristans fragen, denn der flieht aus dem Krankenhaus und nimmt zwei von Kaisers Männern als Geisel, um sie zu einem Geständnis zu zwingen. Vorher aber wird Eifels Zeuge, wie Kaiser von dessen Statthalter Dehmels erschossen wird. Dehmels lenkt die Spur auf Yüksels Sohn Gürkan, der sich im Lokal seines Vaters verstecken will und dort Eifels trifft. Eifels erfährt nun von Gürkan, daß Kaiser Schutzgelder erpreßte. Cem zahlte gar nichts, Yüksel stellte die Zahlungen nach einiger Zeit ein. Deshalb mußten sie sterben. Als Beweis präsentiert Gürkan Yüksels Notizbuch. Stoever und Brockmöller locken Dehmels alias Tristan und seine Bande mit dem Notizbuch und den beiden Geiseln in Yüksels Lokal und verhaften sie.

29. Parteifreunde

Tatort-Nr. 345

Regie: Ulrich Stark. Produktion: Richard
Schöps, Kerstin Ramcke. Produktionsleitung:
Sibylle Hashagen. Aufnahmeleitung: Helmut
Lotz, Joerg Pawlik, Tim Körbelin. Redaktion:
Doris J. Heinze. Regieassistenz: Elke Schliess-
mann. Buch: Detlef Müller. Kamera: Manfred
Ensinger, Jürgen R. Schoenemann. Schnitt:
Birgit Levin. Musik: Klaus Doldinger. Szenen-
bild: Götz Heymann. Requisite: Dirk Holz-
heuer, Claudia Schütt. Kostüme: Claudia
Koletzko. Maske: Joachim Kullmann, Christa
Wittlich. Bildtechnik: Ralf Patzig. Ton: Sieg-
fried Sellentin, Matthias Wolf, Detlef Fiebig,
Frode Garshol. Mischung: Gerd Nicklaus.
Darsteller: Kurt Hart (Kriminalpolizist Stefan
Struve), Rolf Hoppe (Eberhard Sudhoff),
Sven-Eric Bechtolf (Dr. Wolf Hancke), Chri-
stoph Bantzer (Priebeck), Dietmar Mues
(Chefredakteur Wörner), Marion Breckwoldt
(Ina), Angela Stresemann (Hella Priebeck),
Roland Renner (Fred Schirmer), Charlotte
Schwab, Haluk Hazar, Adelheid Hinz-Leurisch,
Nils Kasiske, Beate Kiupel, Wolfgang Riehm.
Länge: 88 Minuten.
Erstausstrahlung: 27. Oktober 1996.

Der machtbesessene und eiskalt kalkulie-
rende Politiker Dr. Hancke ist zu Gast auf
dem Landsitz des Ehrenvorsitzenden Sudhoff,
um sich von dem immer noch einflußreichen
Ex-Parteichef die Unterstützung zur Wahl des
Landesvorsitzenden zu sichern. Ungefähr zur
selben Zeit wird der vorbestrafte Zeitschrif-
tenverkäufer Fred Schirmer, der ab und zu für
ihn gearbeitet hat, vor Hanckes Wohnung erschossen. Sudhoff verweigert Hancke überra-
schend das Alibi, so daß Hancke unter Mord-
verdacht gerät; seine politische Position

bröckelt. Die Kommissare ermitteln, daß
Schirmer, der mit seiner schlampigen Freundin Ina auf einem Bauernhof lebte, seit
kurzem eine geheime Luxuswohnung und
eine Affäre mit einer unbekannten Dame
hatte. Außerdem können sie nachweisen, daß
er aus der Villa von Senator Priebeck Fotos
gestohlen hat, die den Politiker als Pädophi-
len entlarvten. Priebeck gab auf Anraten seines Freundes Sudhoff seine Ämter zurück,
auch den Landesvorsitz. Woher aber kannte
Schirmer Priebecks Geheimnis? Ein Kimono
und ein Parfum beweisen, daß Frau Priebeck
Schirmers Geliebte war. Sie gesteht, daß er
sie zuerst aushorchte und dann fallenließ.
Aus verletzter Eitelkeit erschoß sie ihn mit
seiner eigenen Waffe. Hancke leugnet, Schirmer auf die für ihre Seitensprünge bekannte
Frau angesetzt zu haben, um Priebeck politisch zu ruinieren und seinen Platz einzuneh-
men. Doch eine Rechnung, auf der Schirmer
alle Ausgaben fein säuberlich notiert hat,
darunter auch einen Hotelaufenthalt mit Frau
Priebeck in Travemünde, beweist das Gegen-

»Parteifreunde«

»Parteifreunde«

Mordzeugin zu Stoever: »Mein Hund hat sich immer noch nicht von dem Schrecken erholt.« Stoever: »Der Tote auch nicht.«

teil. Der von Stoever und Brockmöller aufgedeckte Skandal beendet Hanckes Karriere, sehr zur Freude von Sudhoff, der anfangs versucht hatte, Hancke mittels der Falschaussage politisch ins Abseits zu stellen.

30. Ausgespielt

Tatort-Nr. 352
Regie: Jürgen Roland. Produktion: Richard Schöps, Kerstin Ramcke. Produktionsleitung: Rolf L. Freisler. Aufnahmeleitung: Bernhard Liedtke, Joerg Pawlik, Tim Körbelin. Redaktion: Doris J. Heinze. Regieassistenz: Barbara Rieck. Buch: Hans Werner Kettenbach. Kamera: Randolf Scherraus, Birgit Dierken. Schnitt: Angelika Strelczyk. Titelsong: Anna Maria Kaufmann. Musik: Wolfgang Timpe, Klaus Doldinger, Alfons Weindorf. Szenenbild: Gabi Burkert. Requisite: Holger Jacobsen, Kay Schellack, Joachim Seifert. Kostüme: Claudia Koletzko. Maske: Joachim Kullmann, Christa Wittlich. Bildtechnik: Ralf Patzig. Ton: Gerd Nicklaus, Matthias Wolf, Frode Garshol. Mischung: Ulli Fricke.
Darsteller: Kurt Hart (Kriminalpolizist Stefan Struve), Anna Maria Kaufmann (Tina Beck), Jörg Pleva (Detlev Markowski), Burkhardt Klaussner (Sven Planitz), Horst Frank (Günther Grabert), Veit Stübner (Bruno Fellgiebel), Holger Mahlich (Ulrich Gerstenberg), Birgit Bockmann (Inge Kowaleck), Ursula Sieg (Lilo Martens), Carlo von Tiedemann (Musikmoderator Hörfunk), Bill Ramsey (Wirt), Gottfried Böttcher (Pianist), Mario Schröder.
Länge: 88 Minuten.
Ausstrahlung 23. Februar 1997.

Der Obdachlose Max Zeller wird erschlagen auf dem vereisten Hafengewässer aufgefunden. Stoever und Brockmöller erkennen in ihm ihr einstiges Jazz-Idol wieder und sind über seinen Abstieg erschüttert. Bei ihren Ermittlungen stoßen sie auf seine Ex-Freundin Tina Beck, die gerade für eine wichtige Rolle in dem neuen Musical probt, in dessen Mittelpunkt ihr neuer Erfolgssong steht. Wenig später wird der zu plötzlichem Reichtum gekommene Obdachlose Fellgiebel, ein Kumpel Zellers, in seinem Pensionszimmer erwürgt. Sein Kumpel Grabert lenkt die Spur auf Tinas jetzigen Freund Gerstenberg, einen Geschäftsmann. Zeller habe Gerstenberg erpreßt. Als die Kommissare ihn jedoch beschuldigen, erzählt er die Wahrheit: In der Mordnacht war es zu einem heftigen Streit zwischen Fellgiebel und Zeller gekommen, weil Zeller steif und fest behauptet hatte, der im Radio gespielte Hit stamme von ihm. Der entnervte Fellgiebel erschlug Zeller unabsichtlich. Beim Anhören alter Platten bemerken die Kommissare tatsächlich Ähnlichkeiten zwischen Tinas Hit und Zellers Musik. Zeller hatte also die Wahrheit gesagt. Auch Fellgiebel hatte dies herausgefunden und trat als

»Ausgespielt«
Mit Anna Maria Kaufmann

Erpresser bei Tina, Produzent Planitz und Komponist Markowski auf, der den Kommissaren gegenüber das Plagiat zugibt und gesteht, vor sechs Wochen die Originalmanuskripte gestohlen und zur Verwischung der Spuren Zellers Wohnung in Brand gesteckt zu haben. Als die Kommissare ihm den Mord an Fellgiebel vorwerfen, erleidet er einen schweren Zusammenbruch.

Seine Unschuld stellt sich heraus, als der vorbestrafte Victor Schmidt gefaßt wird, der zu allen Beteiligten Kontakt hat. Schmidt wird anhand von Faserspuren als Fellgiebels Mörder entlarvt. Als Anstifter nennt er den geständigen Planitz.

31. Mord hinterm Deich

Tatort-Nr. 363
Regie: Olaf Kreinsen. Produktion: Richard Schöps, Kerstin Ramcke. Produktionsleitung: Hans-Christian Hess. Aufnahmeleitung: Susanne Hoenisch, Jeffrey Budd, Jennifer Voss. Redaktion: Doris J. Heinze. Regieassistenz: Paul Gray. Buch: Raimund Weber; frei nach dem Roman »Tödliche Teestunde« von Theodor J. Reisdorf. Kamera: Randolf Scherraus, Felix Storp. Schnitt: Inge Bohmann. Musik: Klaus Doldinger. Szenenbild: Dietmar Linke. Requisite: Sabine Havelka, Dagmar Steinhoff. Kostüme: Astrid Schoepplenberg. Maske: Heiko Wengler-Rust, Mary Bauhaus. Bildtechnik: Ralf Patzig. Ton: Frank Ahrens, Petra Gregorzewski. Mischung: Helmuth Deschka.
Darsteller: Kurt Hart (Kriminalpolizist Stefan Struve), Vijak Bayani (Sevda Yilmar), Gerd Baltus (Studienrat Warringa), Heiner Lauterbach (Studienrat Hanno Dehart), Brigitte Janner (Britta Dehart), Sophie Schütt (Dagmar

Holst), Wolfgang Schenck (Bauer Holst), Lutz Mackensy (Professor Heimer), Jan Maak, Susanne Deraikchani, Reinhard Krökel, Henning Schlüter, Willy Polaszek, Werner Berndt
Länge: 89 Minuten.
Erstausstrahlung: 25. Dezember 1996 NDR; 8. Juni 1997 im Rahmen der »Tatort«-Reihe bei der ARD.

Der Mord an der Gymnasiastin Dagmar führt die Kommissare in das Alte Land. Ihr verwitweter Vater, Obstbauer Holst, schildert Dagmar als fleißiges und häusliches Mädchen und kann sich nicht vorstellen, wer der Täter ist. Der Gerichtsmediziner stellt jedoch fest, daß Dagmar einen Liebhaber hatte.
Die Suche nach dem Mann verläuft zunächst erfolglos. Ein bei Dagmar gefundenes Foto läßt den Deutschlehrer Warringa unter Verdacht geraten. Es zeigt ihn mit der Schülerin Sevda, der Dagmar unterstellte, sich die Abiturnoten zu erschlafen. Dagmar haßte Sevda, deren Vater vor Jahren als Lohnarbeiter auf dem Hof ihrer Eltern beschäftigt war und die nun Klassenerste ist, während sie um ihr Abitur bangen mußte. Als Warringa verhaftet wird, nimmt Sevda die Tat auf sich.
Stoever erkennt jedoch, daß sie Warringa nur schützen will und daß beide unschuldig sind. Sevda aber gibt ihm einen wichtigen Hinweis: Dagmar war befreundet mit dem Journalisten Gründel, der über Landbordelle recherchierte und vor einigen Monaten ermordet wurde. Als die Kommissare Aktfotos von Dagmar entdecken, bringen sie Bauer Holst zu dem Geständnis, Gründel erschossen zu haben. Holst wollte Dagmar vor Gründel retten. Studienrat Dehart hatte ihn aufgehetzt mit der Lüge, Gründel sei ein Zuhälter und Rauschgiftsüchtiger, der Dagmar ruinie-

»Mord hinterm Deich«

Stoever recherchiert in einem Landbordell. Eine Prostituierte hält ihn irrtümlich für einen Kunden. Stoever: »Ach, du denkst an Sex. Das dauert solange, das kann ich gar nicht bezahlen.«

Da der Verdächtige

eine Narbe an der

Schulter haben muß,

begutachtet Stoever

eindringlich einen jun-

gen Mann im

Waschraum, einen

Bodybuilder, der das

prompt mißversteht:

»He Alter, so bin ich ja

noch nie angeglotzt

worden.« Stoever:

»Na und, steckt doch

'ne Menge Arbeit in

deinem Körper. Kann

doch nicht alles

umsonst gewesen

sein.« Bodybuilder:

»Der ist aber für die

Damenwelt und nicht

für alte schwule

Kacker.«

ren wolle. Dehart wollte Gründel loswerden, weil der seinem Doppelleben auf die Spur gekommen war. Er betreibt mit seiner Frau Britta nicht nur eine Bordellkette, sondern war auch Dagmars Liebhaber. Dagmar war es nämlich, die sich ihre guten Noten erschlafen wollte. Da Dehart aber ein Alibi hat, tippt Stoever auf das nächstliegende Motiv, Eifersucht, und verhaftet die geständige Britta.

32. Undercover-Camping
Tatort-Nr. 374
Regie: Jürgen Bretzinger. Produktion: Richard Schöps, Kerstin Ramcke. Produktionsleitung: Rolf L. Freisler. Aufnahmeleitung: Bernhard Liedtke, Marco Kossinna, Dieter Laweatz. Redaktion: Doris J. Heinze. Regieassistenz: Thomas Hezel. Buch: Michael Illner. Kamera: Kay Gauditz, Herve Dieu. Schnitt: Angelika Strelczyk. Musik: Klaus Doldinger. Szenenbild: Peter Robert Schwab. Requisite: Jörg Fahnenbruck, Dagmar Schugk. Kostüme: Claudia Koletzko. Maske: Heiko Wengler-Rust, Christa Wittlich. Bildtechnik: Ralf Patzig. Ton: Siegfried Sellentin, Detlef Fiebig. Mischung: Ulli Fricke.
Darsteller: Kurt Hart (Kriminalpolizist Stefan Struve), Peter Striebeck (Walter Böhlich), Hans Teuscher (Friedhelm Hackel), Barbara Focke (Fricka Hackel), Sven Martinek (»Jan Hoffmann«), Theresa Hübchen (Sofie), Horst Frank (Kunst-Hehler), Michael Weber, Albrecht Ganskopf, Elke Czischek, Irene Rindje, Thomas Arnold, Michael Bentheim, Valentin Plataneanu, Gerd Hartig, Marella Logan. Länge: 88 Minuten.
Erstausstrahlung: 2. November 1997.

In der Nähe eines Zeltplatzes wird die Leiche des Campers Peter Kahlscheid aus der Alster gezogen. Kahlscheid war gefesselt und ins Wasser gestoßen worden. Als Barpianist Paul R. Gründel getarnt, mischt sich Stoever unter die Dauergäste. Da der Mörder kräftig sein muß, kommen als Täter nur Fleischermeister Hackel, Brokdorf-Veteran und Öko-Fighter Wagner sowie Platzwart und Ex-Polizist Böhlich in Frage. Alle haßten Kahlscheid, der den Platz verdreckte, illegal angelte und seine Campingplatz-Freundin Sofie mißhandelte. Brockmöller ermittelt, daß der Tote in Wahrheit Köhler hieß und vor drei Monaten die königliche Briefmarkensammlung in Antwerpen stahl. Sein betrogener Komplize will nun die Beute holen und reist als Lehrer Jan Hoffmann an. Er durchschaut Stoevers Tarnung schnell und macht sich an Sofie heran, jedoch ergebnislos. Als Wagner verhaftet wird und flieht, um selbst den Mörder zu suchen, hält Jan ihn für schuldig und fordert von ihm die Marken. Bei dem Kampf kommt Wagner ums Leben. Böhlich, des Mordes an Wagner verdächtigt, gesteht nun, Kahlscheid auf die Schliche gekommen zu sein. Bei seiner Polizistenehre gepackt, überwältigte er ihn am Bootssteg, fesselte und befragte ihn. Doch in dem angegebenen Versteck waren die Marken nicht. Als er zurückkam, lag Kahlscheid ertrunken im Wasser. Indizien deuten darauf hin, daß tatsächlich eine zweite Person am Tatort war. Stoever verdächtigt Sofie. Auch Jan hält sie für die Mörderin und Besitzerin der Marken.
Als Sofie ihn beim Durchwühlen ihrer Sachen überrascht und vor ihm fliehen will, nimmt er sie als Geisel, denn inzwischen ist auch seine Tarnung aufgeflogen. Frau Hackel gesteht nun, Kahlscheid ins Wasser gestoßen zu

haben, um Sofie von ihm zu befreien. Stoever
setzt Jan mit einem gezielten Schuß außer
Gefecht, Sofie gibt ihm die im Klavier ver-
steckten Marken.

33. Arme Püppi
Tatort Nr. 386
Regie: Helmut Förnbacher. Produktion: Ri-
chard Schöps, Kerstin Ramcke. Produktions-
leitung: Rolf L. Freisler. Aufnahmeleitung:
Bernhard Liedtke, Marco Kossinna. Redak-
tion: Doris J. Heinze. Regieassistenz: Barbara
Riek. Buch: Helmut Förnbacher, Manfred
Krug, Thorsten Näter. Kamera: Hartwig Stro-
bel, Jörn Heitmann. Schnitt: Angelika
Strelczyk. Musik: Klaus Doldinger. Szenenbild:
Hans Zillmann. Requisite: Dirk Holzheuer,
Otto Kieckbusch. Kostüme: Claudia Koletzko.
Maske: Heiko Wengler-Rust, Christa Wittlich.
Stunts: Ronnie Paul. Bildtechnik: Josef Breu-
che. Ton: Horst Stroemer. Mischung: Helmuth
Deschka.
Darsteller: Kurt Hart (Kriminalpolizist Stefan
Struve), Pjotr Olev (Valerij Moelders), Elena
Nagel (Anna Moelders), Fjodor Olev (Anatolij
Thomas Moelders), Donata Höffer (Psycholo-
gin Marion Mindner), Rolf Becker (Ober-
staatsanwalt), Holger Mahlich (Boelefeld),
Matthias Fuchs (Eckhardt Warncke), Hermann
Beyer (Ludger Hansen), Nadja Rieger, Peter
Heinrich Brix, Derval de Faria, Gerhard Del-
ling, Heike Falkenberg, Sandra Förnbacher,
Boris Freytag, Jörg Holm, Berivan Kaya, Rai-
ner Luxem, Angelika Thomas.
Länge: 89 Minuten.
Erstausstrahlung: 10. Mai 1998.

Das Baby Annika Moelders wird aus dem
Krankenhaus entführt. Da es herzkrank ist
und Medikamente braucht, stirbt es Stunden
später. Seine Leiche wird am Strand gefunden. Annika wurde das Opfer eines interna-
tional agierenden Ringes, der kleine Kinder
aus osteuropäischen Spätaussiedler-Familien
entführt und an wohlhabende, kinderlose
Paare in aller Welt verkauft. Annikas vier-
zehnjähriger Bruder Anatolij läßt der Tod seiner kleinen Schwester keine Ruhe. Stoever
verspricht ihm, die Täter zu finden, aber als
der Junge zufällig ein Pärchen beim Fotogra-
fieren von kleinen Kindern sieht, wird er neu-
gierig. Die Polizei veröffentlicht Fotos der ver-
mißten Kinder, auf denen das entlassene
Kindermädchen Petra Kersten ihren ehemali-
gen Zögling wiedererkennt. Die Kommissare
suchen daraufhin Petras ehemalige Arbeitgeber auf, die Boelefelds. Das Ehepaar war an-
onym kontaktiert worden und durfte sich aus
einem Katalog mit Fotos von »Waisenkin-
dern« sein Wunschkind aussuchen. Stoever
erkennt, daß alle Fotos im Hamburger Hafen
aufgenommen wurden. Die Kinder werden
dort heimlich geknipst und auf Bestellung

»Arme Püppi«
Mit Elena Nagel,
Hermann Beyer (Mitte)
und Pjotr Olev

geraubt. Stoever und Brockmöller versuchen gerade, alle Kinder auf den Fotos zu identifizieren, um sie überwachen zu lassen, als eines von ihnen vor einem Supermarkt entführt wird. Einem Angestellten gelingt es jedoch, dem Entführer die Jacke zu entreißen, mit dem Foto des nächsten Opfers, Sina. Beim Versuch, Sina zu entführen, wird der Kidnapper erschossen, seine Komplizin, Frau Bellmann, verhaftet. Sie verrät das Versteck der Kinder, in dem auch Anatolij, der auf eigene Faust recherchiert hat, gefangen gehalten wird. In einem Großeinsatz können Anatolij und die Kinder befreit und die beiden Drahtzieher gefaßt werden.

34. Schüsse auf der Autobahn
Tatort-Nr. 389
Regie: Hartmut Griesmayr. Produktion: Richard Schöps, Kerstin Ramcke. Produktionsleitung: Rolf L. Freisler. Aufnahmeleitung: Bernhard Liedtke, Tanja Jonen. Redaktion: Doris J. Heinze. Regieassistenz: Ute Geber. Buch: Raimund Weber; nach einer Idee von Peter Zingler. Kamera: Peter H.W. Tost,

»Schüsse auf der Autobahn«

Tatjana Tost. Schnitt: Birgit Levin. Musik: Klaus Doldinger. Szenenbild: Hans Zillmann. Requisite: Dirk Holzheuer, Otto Kieckbusch. Kostüme: Claudia Koletzko. Maske: Gisela Trescher, Heiko Wengler-Rust. Bildtechnik: Christian Schöppe. Ton: Ulli Fengler. Mischung: Jürgen P.P. Meisner. Darsteller: Kurt Hart (Kriminalpolizist Stefan Struve), Bernd Tauber (Erich Dzchydl), Reiner Heise (Heinz Stamm), Dietmar Mues (Anwalt), Peter Mohrdiek, Silvan-Pierre Leirich, Tatjana Clasing, Susanne Lüning, Elsa Hanewinkel, Jürgen Morche, Christa Pillmann, Willy Bartelsen, Robin Brosch, Elisabeth Goebel, Silvia Hoffmann, Hannes Stelzer Länge: 87 Minuten. Erstausstrahlung: 5. Juli 1998.

Eine Lotto-Tippgemeinschaft, bestehend aus den Trucker-Freunden Erich Dzchydl, Heinz Stamm und Albrecht Heuer, gewinnt eine große Summe Geld. Doch »Kassenwart« Dzchydl will nicht teilen und verschweigt seinen Freunden den Gewinn. Seine Frau Erika verrät Stamm, mit dem sie eine Affäre hat, davon. Kurz darauf wird Stamm an der Autobahnabfahrt Hamburg-Harburg mit gezieltem Kopfschuß in seinem umgestürzten Lastwagen gefunden. Zwei Tage später ereilt Heuer das gleiche Schicksal. Stoevers und Bockmöllers Hauptverdächtiger ist Dzchydl, bis der Mörder dessen geliebten Hund erschießt und kurz darauf Dzchydl selbst. Ein pensionierter Trucker verrät den Kommissaren das Geheimnis der drei Ermordeten: Sie hatten für Spediteur Korn Giftfässer auf einem Privatgrundstück vergraben. Die Polizei leitet eine Fahndung nach dem flüchtigen Korn ein, der zufällig von einem Jäger in seiner Jagdhütte tot aufgefunden wird. Alles deutet darauf hin, daß er die drei Morde beging und sich dann selbst erschoß. Aber Stoever hat berechtigte Zweifel. Er findet heraus, daß Korns Ex-Frau Sabine die Täterin ist. Dzchydl hatte sie bei einem Betriebsausflug in Gegenwart seiner Freunde vergewaltigt und wurde im Prozeß freigesprochen, weil ihr Mann gegen sie aussagte. Die Freunde erpreßten ihn mit ihrem Wissen um die illegale Giftmüllentsorgung. Sabine verlor ihr Baby, kam vorübergehend in eine psychiatrische Klinik und wurde vor kurzem wieder entlassen. Ein Zufall läßt die Kommissare die Identität von Korns Ex-Frau klären. Es ist die Autobahnpolizistin Sabine Kunkel. Sie hatte auf Anhieb den Namen Dzchydl richtig geschrieben. Sabine gesteht die Morde.

35. Habgier

Tatort-Nr. 403
Regie: Jürgen Bretzinger. Produktion: Kerstin Ramcke. Produktionsleitung: Rolf L. Freisler. Aufnahmeleitung: Bernhard Liedtke, Tanja Jonen, Jens Dybowski. Redaktion: Doris J. Heinze. Regieassistenz: Thomas Hezel. Buch: Raimund Weber. Kamera: Kay Gauditz, Herve Dieu. Schnitt: Inge Bohmann. Musik: Klaus Doldinger. Szenenbild: Hans Zillmann. Requisite: Chris Büchsenschütz, Anna Stuckmann. Kostüme: Rautgundis Beutel. Maske: Heiko Wengler-Rust, Annette Pramor. Bildtechnik: Ralf Patzig. Ton: Hans Joachim Bahr, Joachim Binsau. Mischung: Jürgen P.P. Meissner.
Darsteller: Kurt Hart (Kriminalpolizist Stefan Struve), Woody Mues (Axel), Sascha Buhr (Rene), Ulrike Grote (Sonja Ropers), Jürgen Tonkel (Michael), Ulrike Mai (Gabriele Eilbrook), Volker Lechtenbrink (Dr. Eilbrook),

Gernot Endemann (Felix Manthey), Dietmar Mues (Tobias Heinisch), Edda Pastor (Margret Heinisch), Ulrich Wiggers (Ignatz Dengel / Ropers), Silvia Hoffmann (Reporterin Hohmann), Horst Naase (Arzt), Erik Fiebiger (Banker), Christian Ahrens (Seminarleiter), Lutz Hader (Technischer Mitarbeiter), Susanne Flesch (Lavinia), Angela Altinger (Hoteldame), Berti Vogts (Gastauftritt als Nachbar Jürgen Lampert).
Länge: 87 Minuten.
Erstausstrahlung: 10. Januar 1999.

Aus dem Isebekkanal wird die Leiche der erwürgten Gabriele Eilbrook gefischt. Brockmöller ist betroffen: er hatte sich nur kurz zuvor mit der Kinderpsychologin während eines Seminars angefreundet. Sie hatte ihm anvertraut, im Rahmen ihrer Arbeit einem Verbrechen auf die Spur gekommen zu sein. Stoever und Brockmöller ermitteln in dem Kinderheim, in dem Gabriele einige junge Patienten betreut hat. Der Junge Rene verrät ihnen, daß seine Schwester Rita von ihrem Pflegevater, Politiker Heinisch, mißbraucht wurde und deshalb Selbstmord beging. Ihr

»Habgier«
Mit Volker Lechtenbrink

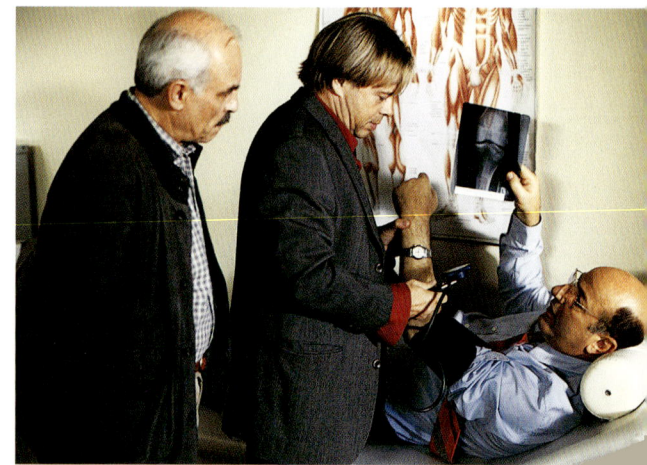

»Habgier«
Mit Berti Vogts und
Woody Mues

Tod wurde als Unfall kaschiert. Gabriele hatte dies herausbekommen und auch, daß Heimleiter Manthey sich von Heinisch bestechen ließ. Beide Männer haben jedoch ein Alibi. Gabrieles kleiner Patient Felix Ropers führt durch sein plötzliches Verschwinden auf eine neue Spur. Felix leidet unter dem Tod seines Vaters, der in einem Häcksler verunglückte. Stoever und Brockmöller entdecken auch den Grund. Felix glaubt gesehen zu haben, wie Michael, der neue Freund seiner Mutter Sonja, den Vater ermordete. Die Kommissare macht stutzig, daß die zerstückelte Leiche nur anhand einer Röntgenaufnahme des Beines identifiziert werden konnte – und zwar von Ropers' langjährigem Hausarzt Dr.

Eilbrook, Gabrieles Mann. Anhand eines anderen Röntgenbildes weisen sie nach, daß der Tote gar nicht Ropers ist. Eilbrook gesteht, daß es sich bei dem Toten um den polnischen Wanderarbeiter Dengel handelt. Ropers ermordete Dengel, um die Lebensversicherung von mehr als drei Millionen Mark zu kassieren. Da Gabriele durch ihre Nachforschungen gefährlich werden konnte, informierte Eilbrook den in Spanien untergetauchten Ropers, der Gabriele ermordete. Ropers wird wegen Doppelmordes, Sonja und Eilbrook werden wegen Mithilfe verhaftet. Auch Heinisch entgeht seiner Strafe nicht. Er ist politisch erledigt, weil Stoever Ritas Abschiedsbrief der Presse zuspielt.

Dank

Bildnachweis

128

Für die Kooperation sei dem Norddeutschen Rundfunk (NDR) und der Studio Hamburg Produktion gedankt. In besonderer Weise danken möchten wir: Birgit Bachmann, Manuela Haddadzadeh, Folker Hahn-Ebert, Doris J. Heinze, A. Koslowski, Sylvia Matzke, Frau Schaaf, Helga Wildauer (NDR); Holger Ellermann, Kerstin Ramcke (Studio Hamburg). Unser Dank gebührt auch Maja Thorn – für ihre begeisterte Mitarbeit – und Jürgen Bretschneider, der das Projekt in angenehmer Zusammenarbeit betreut hat.

NDR: Seite 6, 8, 10, 13, 15, 20, 21, 23, 29, 30/31, 32, 47, 48/49, 51, 54/55, 61, 64, 65, 67, 68, 70, 72, 74/75, 76, 79, 80, 84/85, 95, 96, 98, 102, 108, 110, 111, 114, 121, 124

NDR/Studio Hamburg: Seite 2, 6, 16, 18/19, 26, 27, 34/35, 39, 40/41, 43, 44, 45, 59, 116, 117, 120

NDR/Michael Köhler: Seite 25, 37, 104, 105

NDR/Ulla Kimming: Seite 52, 89, 125

NDR/Janssen: Seite 62, 93

NDR/Merkel: Seite 91

NDR/Dorn: Seite 92

Manju Sawhney: Seite 126